마음읽기 가르치기

워크북

자폐스펙트럼 아동
교육지침서

Julie A. Hadwin
Patricia Howlin   지음
Simon Baron-Cohen

김혜리, 권은영 옮김

∑시그마프레스

마음읽기 가르치기 워크북 자폐스펙트럼 아동 교육지침서

발행일 2018년 2월 20일 1쇄 발행

지은이 Julie A. Hadwin, Patricia Howlin, Simon Baron-Cohen
옮긴이 김혜리, 권은영
발행인 강학경
발행처 (주) 시그마프레스
디자인 김경임
편 집 김은실

등록번호 제10-2642호
주소 서울특별시 영등포구 양평로 22길 21 선유도코오롱디지털타워 A401~403호
전자우편 sigma@spress.co.kr
홈페이지 http://www.sigmapress.co.kr
전화 (02)323-4845, (02)2062-5184~8
팩스 (02)323-4197

ISBN 979-11-6226-029-6

Teaching Children with Autism to Mind-Read: The Workbook

＊ 책값은 책 뒤표지에 있습니다.

이 도서의 국립중앙도서관 출판예정도서목록(CIP)은 서지정보유통지원시스템 홈페이지(http://seoji.nl.go.kr)와 국가자료공동목록시스템(http://www.nl.go.kr/kolisnet)에서 이용하실 수 있습니다.(CIP제어번호 : CIP2018003603)

우리의 행동을 결정하는 것은 우리가 마음속에 가지고 있는 생각, 바람, 의도와 같은 눈에 보이지 않는 마음상태일 것이다. 사람의 행동이 마음에 의해 결정된다는 것은 당연한 사실이어서 우리는 이에 대해 별로 의식하지도 않으면서 다른 사람의 행동이나 말, 표정 등에서 마음을 읽는다. 이러한 일을 어린 아기도 초보적인 수준에서는 제법 잘한다. 예를 들어 이상한 소리를 내는 새로운 장난감을 보게 되면 어린 아기는 엄마의 얼굴표정을 살피는데, 엄마가 웃고 있으면 그 장난감을 만지려고 하지만 엄마가 놀라거나 무서워하는 표정을 지으면 만지지 않는다. 이는 어린 아기가 엄마의 얼굴표정에서 엄마의 마음을 읽었기에 보이는 행동이다.

태어난 지 얼마 되지 않아서 아는 것이 별로 없을 것 같은 어린 아기가 엄마의 표정이나 목소리, 몸짓, 행동 등에서 엄마의 마음을 읽는다는 것이 신기하기만 하다. 그러나 지난 30여 년간의 연구를 통해, 아기들은 일찍부터 사람의 표정이나 행동, 목소리 등에 대한 민감성을 가지고 있으며, 이러한 민감성이 점차 사람의 마음을 이해하는 능력으로 발전하게 되어 만 4세 정도가 되면 사실과 일치하지 않는 틀린 믿음을 이해하게 되는 것으로 밝혀졌다. 예컨대, 자신이 책상 위에 둔 물건을 다른 사람이 다른 곳으로 옮기는 것을 보지 못한 엄마는 '물건이 책상 위에 있을 것'이라고 사실과는 다른 틀린 믿음을 가질 것임을 4세 아동은 이해한다. 틀린 믿음을 이해하게 되면 아이들은 사람들이 동일한 사건에 대해 서로 다른 생각을 할 수 있으며, 따라서 행동도 서로 다를 수 있다는 것을 이해하게 된다. 그리하여 동일한 상황에서 자신과 다른 행동을 하는 사람을 이상하게 생각하기보다는 서로 생각이 다르기 때문임을 알게 된다.

사람의 마음을 이해하는 능력은 다른 사람과 상호작용하면서 살아가는 인간에게는 매우 중요한 능력인 만큼 이 능력이 어떤 이유에서든 제대로 발달하지 않은 경우는 사회적 기능에 문제가 발생할 수 있다. 그러한 한 예가 자폐스펙트럼장애를 가지고 있는 사람이다. 자폐인이 마음을 이해하는 능력에 문제가 있다는 것을 처음으로 밝힌 사람은 이 책의 공저자 중 한 사람인 케임브리지대학의 Baron-Cohen 교수이다. Baron-Cohen 교수는 자폐인의 마음이해 능력에 대해 연구하는 과정에서 자연스럽게 자폐인에게 마음을 이해하는 능력을 가르침으로써 이들이 가지고 있는 사회적 적응의 어려움을 완화시키는 데에 관심을 가지게 되었다. 그러한 결과의 하나가 1999년도 출판되었으며 2001년도에 『자폐아동도 마음읽기를 배울 수 있다: 교사와 부모를 위한 실용적 지침서』라는 서명으로 한국어로 번역되어 출판된 『Teaching children with autism to mind-read: A practical guide』였다. 이 책은 자폐 아동·청소년 및 사회성이 부족한 아동·청소년을 교육하는 데 널리 사용되었으나 아쉬웠던 점은 다른 사람의 정서반응을 이해하도록 하는 것에 주로 초점이 맞추어져 있었다는 것이었다. 이러한 문제점을 보완하여 2015년에 출판된 이 책 『Teaching children with autism to mind-read: The Workbook』은 믿음, 앎, 조망과 같은 마음상태를 가르치기 위한 다양한 학습문제를 풍부하게 제공하고 있다.

이 책이 제공하고 있는 다양한 문제를 그대로 활용하거나 또는 아동의 관심사에 맞추어 약간씩 변화시켜서 (예를 들어 문제에 등장하는 사람의 이름을 아동의 이름이나 친구 이름으로 바꾸는 등) 활용한다면 자폐스펙트럼 아동·청소년을 위한 풍부한 교육 자료가 될 수 있을 것으로 생각한다. 뿐만 아니라 사회성이 부족한 아동이나 일반 아동에게 다른 사람의 생각과 행동에 대한 이해 능력을 좀 더 개발할 수 있도록 교육하여 이들의 사회성을 증진시키기 위해서도 좋은 교육 자료가 될 수 있을 것이다.

마음이해 능력이 부족한 아동·청소년의 지도 및 교육에 도움이 되었으면 하는 바람에서 이 책을 번역하였다. 책의 내용이 쉽게 활용될 수 있도록, 수록된 문제에 등장하는 인물의 이름을 한국 이름으로 바꾸었다. 이 책을 번역하여 출판하는 것을 적극 지원해 주신 (주)시그마프레스 강학경 사장님께 감사드린다.

2018년 2월

차례

chapter 1 ▶

소개

마음이론에 대한 소개

자폐스펙트럼상태(Autism Spectrum Condition, ASC)인 사람은 반복적이고 정형화된 행동, 비정상적으로 편협한 관심분야, 그리고 사회적 상호작용과 소통의 어려움을 보이는 특징이 있다.[1] 사회적 상호작용의 문제에는 타인에 대한 무관심과 냉담함, 사회적 단서를 이해하고 이에 반응하는 데에서의 문제, 적절하지 않은 사회적 행동이 포함된다. 예를 들어, ASC인 사람은 다른 사람과 대화할 때 눈 맞춤을 덜 하고 몸짓을 덜 한다. 이외에 상호작용 시에 특이한 신체 자세를 취하거나 다른 사람에게 아주 가까이 접근한다(예를 들어, 어색하거나 특이한 걸음걸이를 하거나, 다른 사람에게 아주 가까이 서 있거나 너무 큰 목소리로 이야기함). 이런 상황에서 ASC인 사람은 다른 사람과 효과적으로 상호작용하는 데 필요한 대화에서의 무언의 규칙이나 사회 규범에 대한 이해가 부족하다.

마음이론

효과적인 사회적 상호작용에는 믿음, 정서, 의도, 바람과 같은 타인의 마음상태를 이해하는 것이 필요하다. 마음이론(Theory of Mind, ToM)이라는 용어는 사람의 행동을 예측하기 위해 마음상태를 이해하는 개인의 능력을 아우른다.[2] 수많은 연구들이 ASC인 사람은 다른 사람의 생각과 감정을 이해하는 데에, 또 사람들이 각자 생각과 감정이 다르고, 자신과도 다른 생각과 감정을 가질 수 있다는 것을 설명하는 데에 어려움과 발달 지연을 보인다는 것을 보여주고 있다.[3]

독자 주 : 윗첨자 숫자는 참고문헌(151쪽)의 번호이다. 윗첨자 기호는 각주를 나타낸다.

Teaching Children with Autism to Mind-Read: The Workbook. First Edition.
Julie A. Hadwin, Patricia Howlin and Simon Baron-Cohen.
© 2015 John Wiley & Sons, Ltd. Published 2015 by John Wiley & Sons, Ltd.

틀린 믿음에 대한 이해

마음이론에 대한 연구에서 많이 사용된 한 가지 결정적인 검증 방법은 다른 사람이 자신과 다른 믿음을 가지고 있다는 것을 아동과 성인이 이해할 수 있는지 알아보는 것이다. 이 수준의 이해를 1차 순위 마음이론 단계라고 한다. 1980년대에 Simon Baron-Cohen과 동료들이 ToM을 평가하기 위해 개발한 한 방법은 Sally-Anne 과제[4]이다. 이 과제의 목적은 사람이 틀린 믿음을 가질 수 있으며 사람의 행동과 감정은 그 사람의 믿음과 관련이 있다는 것을 이해할 수 있게 되는 나이를 측정하는 것이다. 이 과제*에서 Sally는 물건을 한 장소에 놓는다. 이 물건을 나중에 Anne이 Sally가 없는 사이에 다른 장소로 옮긴다. 만 4세가 지난 일반 아동은 그 물건의 장소에 대해 Sally가 틀린 믿음을 가진다는 것을 이해한다. 아이들은 Anne이 그 물건을 옮겨 놓는 것을 Sally가 보지 못했으므로 Sally는 물건이 처음에 있었던 자리에 있다고 생각할 것임을 인지한다. 그리고 더 이상 그 자리에 물건이 없을지라도 Sally는 자신이 물건을 놓았던 곳에서 그 물건을 찾을 것이라고 예상한다. 일반 아동은 7세까지는 Sally의 바람과 틀린 믿음을 이해하여서, 곧 물건을 찾게 될 것이라고 생각하는 Sally의 틀린 믿음이 Sally를 행복하게 하지만, 물건이 사라졌다는 것을 발견하면 슬픔을 느끼게 될 것이라는 것을 이해하게 된다.[5]

거의 대부분의 일반 아동은 5세까지는 틀린 믿음 과제에 대해 이해하게 된다.[7] 마음상태를 이해하게 되는 이 시기의 발달적 변화에 대해 일부 연구자는 개념적 변화가 2.5세(이 같은 테스트를 통과하는 가장 어린 나이)와 5세 사이에 발생한다고 주장한다.[8]

---

* Sally-Anne 과제는 1983년의 Heinz Wimmer와 Josef Perner의 실험에 기초한다.[6] 다른 사람뿐만 아니라 자신도 틀린 믿음을 가질 수 있다는 것을 이해하는지를 검사하는 이 과제는 사진이나 인형 또는 실제 사람(일상생활 상황이나 비디오로 제시되는 상황에서)을 사용한 많은 변형이 있다. 게다가, 몇몇 과제는 아동에게 믿음에 근거한 판단(그 애는 어디로 갈까? 그 애는 무슨 생각을 할까?)을 하게 하거나 감정에 근거한 판단(그 애는 어떤 기분일까?)을 하게 하는 질문을 한다. 이와 유사한 과제로는 상자 속 물건에 대해 사람들이 틀린 믿음을 가질 수 있다는 것을 이해하는지 검사하는 기만적 외양 과제와 물건이 무엇으로 보이는지가 아니라 실제로 무엇인지를 이해하는 개인의 능력과 관련된 외양-실제 과제가 있다.

발달과정에서 아동이 틀린 믿음을 일찍 이해하게 되는지 또는 늦게 이해하게 되는지는 아동의 사회적 환경과 언어발달 또는 생물학적 작용에 따라 달라질 수 있다. ToM과 언어 능력의 관계는 여러 연구에서 나타났다.[9,10] 마음이론 과제는 아동이 내포절이 있는 문장[예 : 샐리는 공이 바구니에 있다고 생각한다(Sally thinks that the ball is in the basket)]을 이해해야만 답할 수 있는 것이므로, 이 과제를 통과하는 것이 언어 능력과 관련된다는 것은 별로 놀라울 것이 없다. 그러나 이 관계의 방향은 거의 상호적이다. 즉 좋은 언어 기술은 다른 사람들의 마음상태나 믿음에 대한 정보를 해석할 수 있게 하며, 역으로 ToM 기술은 아동이 화자의 의도와 청자가 모르는 정보가 무엇인지에 대해 생각하도록 하므로 언어에 대한 이해 발달을 돕는다.[11]

일부 연구는 ToM을 비교적 일찍 이해하게 되는 것이 유리한 학습 환경을 반영함을 보여주었다. 예를 들어, 한 명이나 그 이상의 형제자매가 있는 아동은 형제자매가 없는 아동에 비해 틀린 믿음을 더 일찍 이해한다.[12] 이외에, 부모의 민감도가 높은 것은 아이가 마음상태를 더 잘 이해하고 친구와 더 긍정적인 상호작용을 하는 것과 관련이 있다.[13] 유사하게, 더 넓은 사회 지지망을 가진 성인과[14] 더 나은 사회적 기술을 보이는 아동은[15] 그렇지 않은 성인과 아동에 비해 심화 마음이론 과제를 더 잘 이해한다. 종합하면, 이러한 연구결과는 아이의 환경이 마음이론 기술의 발달을 촉진함을 시사하며, 마음이론과 사회적 기술 발달 간의 상호관련성을 보여준다.

ASC 아동의 틀린 믿음에 대한 이해

일반적인 발달에서 보이는 발달양상과는 다르게, ASC인 아동은 아동기 후반까지 틀린 믿음 과제를 통과하지 못한다. 어린 일반 아동과 ASC인 아동이 전형적으로 보이는 오류는 믿음을 그 사람이 사실이라고 믿고 있는 것이 아닌, 실제 상황을 반영하는 것으로 간주하는 것이다. 예를 들어, 이러한 아동은 Sally가 공을 찾기 위해 Anne이 공을 옮겨 놓은 장소를 볼 것이라고 예측한다. 다시 말하면, 이러한 아동은 Anne이 공을 다른 곳으로 옮기는 것을 Sally가 보지 못했기 때문에 가장 최근에 공이 있었던 위치를 알 수 없다는 것을 이해하지 못한다. ASC인 후기 아동기 아동과 성인들이 틀린 믿음 과제 및 기타 ToM 과제를 통과하더라도 이는 일반 아동에 비해 상당히 지연된 후의 일이다. 예를 들어, 한 연구는 ASC 아동은 언어 정신 연령이 8세 정도에 도달했을 때 틀린 믿음 과제를 성공적으로 통과하게 되며, 이 능력은 언어 능력이 증가함과 함께 지속적으로 향상됨을 관찰했다.[16] 그러나 이후 연구에서 ASC 아동이 ToM 과제를 통과하더라도 일상적 삶에서의 통찰은 여전히 특정적으로 결함을 보이는 것으로 나타났다.[17,18] 이러한 결과로 인해 일부 연구자들은 ToM 과제를 통과한 ASC 아동은 과제 통과에 도움이 되는 다른 보상적 학습 전략을 가지고 있는 것이라고 주장한다.[19] ToM 과제 통과 여부와 폭넓은 사회적 기술 발달 간의 상관관계도 빈약하다는 것이 몇몇 연구에서 나타났다. 예를 들어, Sally-Anne 과제를 통과한 ASC 아동은 정상 발달의 또래와는 달리, 기하학적 도형이 움직이는 애니메이션의 움직임 패턴을 보고 마음상태나 감정을 가지고 있는 대상의 움직임으로 해석하지 못한다.[20] 마찬가지로 전통적인 ToM 과제를 통과한 아스퍼거 증후군의 아동도 틀린 믿음 시나리오에서 물건이 원래 있었던 위치로 눈을 자발적으로 돌리는 예기적 안구 운동을 보이지 않는다.[21]

지난 15년간의 과학기술 발전으로 인해 ToM 과제 수행 시에 활성화되는 뇌 영역의 위치를 연구자가 관찰할 수 있게 되었다. fMRI, PET 또는 SPECT와 같은 뇌 스캔 방법을 사용하여 관찰하면, 정상 발달하는 사람의 뇌는 내측 전전두 피질과 편도체, 측두정엽에서 활성화를 보인다.[22, 23] 반면, ASC인 사람이 유사한 과제를 할 때 이 뇌 영역들은 비활성화되며, 대신 일반적인 문제 해결과 관련된 뇌 영역이 사용된다.[24] 이러한 연구결과는 ASC 아동에서의 보상적 학습에 대한 주장을 더욱 지지한다.

발달적 관점

최근 연구자들은 ToM의 습득과정을 이해하기 위해 발달적 접근을 택하고 있다. ToM에는 발달과정에 걸쳐 나타나는 여러 가지 기술이 포함되며, 따라서 틀린 믿음 과제를 통과한 것만으로 이 기술을 습득했다는 지표가 되는 것은 아닌 것으로 인식되고 있다. 많은 연구가 다양한 연령대에서 마음상태에 대해 추론하는 능력이 활용되는 넓은 범위의 과제를 사용하였다. 예를 들어, 영아기와 걸음마기에는 ASC의 초기 사회기술 결함이 종종 주의 공유 결함에서 나타난다.[25, 26] 주의 공유는 시선이나 몸짓, 언어를 사용해 주변의 사물이나 사건에 대해 다른 사람과 주의를 협응시키는 능력이다. 정상 발달에서 주의 공유(예를 들어, 시선 따라가기 또는 손가락으로 가리키기)는 9개월에서 14개월 사이에 나타난다.[27]

바람과 믿음

후속 연구들은 ToM이 하나의 인지과정으로 발생하는 것이 아니라 다른 사람들의 믿음, 의도, 지식, 감정, 바람 등에 대해 추론하는 능력을 포함하는 서로 관련된 몇 몇 기술로 구성되는 것으로 제안한다.[28, 29] 사람의 바람을 예측하는 능력은 믿음을 정확하게 아는 능력에 앞서 나타난다.[30-33] 따라서 아동은 두 사람이 동일한 장난감에 대해 서로 다른 믿음을 가지고 있을 수 있다는 것을 이해하기 전에 두 사람이 같은 장난감을 원할 수 있다는 사실을 먼저 이해한다. 그다음에는 동일한 상황에 대해 두 사람이 다른 믿음을 가질 수 있다는 것을 이해하게 되며 그런 후에 사람은 상황에 대해 틀린 믿음을 가질 수 있다는 것을 이해하게 된다.

틀린 믿음에 대한 이해 이후의 발달과 관련하여, 한 분야의 연구는 초기 아동기 이후의 ToM 기술의 발달에 대해 다루었다. Francesca Happé는 높은 수준의 마음이론 기술에 대해 평가하기 위해 '이상한 이야기' 과제를 개발했다.[34] 이 이야기를 이해하기 위해서는 은유나 풍자와 같은 개념의 의사소통 의도에서 나타나는 것과 같이, 언어를 문자 그대로 원래의 의미로 사용하지 않을 수 있음을 이해하는 능력이 필요하다. 예를 들어, 풍자 시나리오에서 주인공은 (밖에 비가 오는데) "소풍하기에 좋은 날!"이라는 말을 한다. 이러한 이야기를 아동에게 들려준 후 이야기 속의 인물이 사실을 말했는지, 이야기 속 인물이 왜 그런 말을 했는지를 질문한다. 표준적인 마음이론 틀린 믿음 과제를 통과하는 데 어려움이 없는 정상 발달하는 아동과 고기능 자폐 성인은 이런 종류의 시나리오를 해석하는 데 어려움을 겪는다. 정상 발달하는 아동은 일반적으로 후기 아동기는 되어야 이 이야기에서 언어를 원래 의미 그대로 이해하는 것에서 벗어나게 된다.[35-37]

이 확장된 연구 주제는 2차 순위 ToM 과제('생각에 대한 생각')라고 명명되는 것의 발달에서부터 나온다. 이 과제는 몇 명의 등장인물이 나오는 이야기를 아동이나 성인에게 읽도록 한 후 한 등장인물이 다른 인물의 믿음에 대해 어떻게 생각하는지 질문하여 답하도록 하는 것이다. 일반적으로 2차 순위 ToM은 6~7세 무렵에 발달하는 것으로 나타났다.[38] 정상 발달을 하는 대부분의 성인은 3차 순위 이상의 ToM 이해가 요구되는 이야기에서 마음 추론에 어려움을 보인다. 최근의 한 연구에서, 10세와 11세 아동을 4차 순위까지 다양한 수준의 ToM 과제로 검사하였다.[15] 이 연령에서 아동은 1차와 2차 순위 ToM 과제를 어려움 없이 통과했으나 3차 순위 과제에서는 유의미하게 오류가 늘었으며, 4차 순위 ToM 과제에서는 정답과 오답이 반반 정도가 되었다. 이는 마음이론이 후기 아동기와 성인기까지 지속적으로 발달하고 향상된다는 것을 강조한다.

자폐 아동에게 ToM 가르치기

『마음읽기 가르치기(Teaching Mindreading)』[39]의 첫 발간 이후, 이론적이고 실증적인 연구들이 ASC인 사람의 사회적 어려움과 상호작용의 어려움을 뒷받침하는 요인으로 ToM에 대해 집중하여 지속적으로 연구하였다. 또한 점차 많은 연구들이 ASC

아동과 성인에게 ToM을 가르치는 것에 대해 연구하였는데, 대부분의 연구는 후기 아동기와 청소년기 아동에 초점을 맞추었다.

ASC 아동이 마음상태를 이해할 수 있도록 가르치는 것을 목표로 한 연구들은 일반적으로 아동이 마음이론 과제를 통과하도록 배울 수 있으며, 직접 배우지는 않았지만 개념적으로 유사한 다른 과제에 배운 것을 전이시킬 수 있다는 것을 발견하였다.[40-42] 몇몇 연구는 새로운 마음이론 과제로의 일반화의 증거를 찾았지만,[43, 44] 아동들이 새로운 마음이론 과제나 실제 상황에서 학습한 새로운 기술을 사용할 수 있다는 것을 입증하는 것은 어려운 것으로 나타났다.[45]

일반화의 결여는 마음이론을 가르치는 동안 아이들이 무엇을 배우는지에 대한 의문을 제기했다. 아동이 마음상태를 배우는 것인가, 혹은 단순히 과제에 통과하는 데 필요한 신뢰롭고 예측가능한 구조와 형태를 가진 '규칙'이나 책략을 습득하는 것인가?[19, 46] 이 연구에 한계가 있음에도 불구하고, 마음이론을 가르치는 것은 발달과정에서 자연스럽게 마음상태를 생각하지 못하는 ASC인 사람에게 마음상태에 대해 생각하도록 자극하는 데 유용한 것으로 여전히 인정받고 있다. 개입의 주요 목적은 아동과 성인이 그들이 속한 사회적 세상과 교류할 수 있도록 돕기 위해 마음상태를 이해할 수 있는 기본 도구를 제공하는 것이다.

몇몇 연구는 ToM을 가르치기 위해 **구조적 접근**이 학습에 가장 유익하다고 주장한다.[47] 덧붙여, 학습 프로그램 안에서 많은 예시를 사용하는 것이 새로운 과제나 맥락으로 일반화시키는 데 도움이 된다고 제안한다.[47] 일부 연구자는 교육과정 안에 장기간의 ToM 가르치기를 넣거나 사회적 기술 워크숍과 함께 ToM 수업을 결합하는 것이 ToM 기술의 발달과 활용 면에서 가장 유익할 것이라고 제안한다.[45, 48] 교수법과 관련하여 대부분의 연구는 일반적으로 3~4세 아동이 이해할 수 있는 일차 ToM 수준에서부터 가르치기 시작한다. 일부 연구자는 개입을 가장놀이 또는 주의 공유와 같은 ToM의 전조로 밝혀진 능력부터 목표로 해야 한다고 주장한다.[49] ToM 가르치기에 관한 일부 연구는 발달적 접근을 택하지만, 전체적으로 보면 이러한 접근은 흔하지 않다. 부록에 ASC 아동에게 ToM을 가르치는 것을 목표로 한 주요 연구들을 요약하여 제시하였다. 이 요약 표는 연구자들이 다양한 학습과제와 접근법을 채택하고 있음을 보여준다. 덧붙여, 이 표는 언어 능력이 있는 아동과 청소년을 대상으로 비교적 짧은 기간에 심화학습 방법을 사용한 연구와 장기간의 학습을 실시한 다양한 연구들을 제시하고 있다.

본 워크북에 대한 소개

ASC 아동과 성인은 마음상태에 대해 생각하는 것을 배울 수 있다. 우리의 초기 연구는 ASC 아동에게 ToM을 가르치는 데에 기초가 되는 감정, 가장놀이, 관점 수용의 예시를 담고 있는 책의 개발로 이어졌다. 그 목적은 자폐 아동을 교육하는 현장에서 일하고 있으며 ToM을 가르치기 위한 체계화된 프로토콜을 개발하고자 하는 교사와 전문가들을 위해 사용자 친화적이고 쉬운 자료집을 제공하기 위한 것이었다. 발달적 접근을 채택한 것은 아동이 아주 기초적인 수준(예 : 물건 가지고 놀기, 맥락에 맞는 감정 알아맞히기, '보아야 안다'는 것 이해하기)에서 시작할 수 있고 더 어려운 개념을 이해하는 것(어떤 것을 마치 다른 것인 것처럼 가장하여 놀기, 다른 사람의 감정의 관점 이해하기, 다른 사람의 틀린 믿음이 그 사람의 감정과 행동에 미치는 영향 이해하기)으로 진행할 수 있다는 것을 의미한다. 덧붙여, 이 접근법은 교육을 위한 많은 예시가 새로운 과제 학습의 일반화를 가능하게 한다고 주장하는 이전 연구들과 일치한다.

우리의 기존 매뉴얼이 ASC 아동에게 마음이론을 가르치는 데 유용한 자료이며, 부모와 교사가 ASC 아동에게 집중적으로 정서에 대해 가르치는 데 유용한 자료임이 입증되었다. 따라서 이 새로운 워크북에서는 정보적 상태를 가르치는 것으로 그 영역을 확장했다. ASC 아동이 배운 과제 이상으로는 일반화가 어려우며 현실 상황으로 일반화가 어렵다는 것을 많은 연구들이 보여주고 있으므로, 이 워크북에서 사용된 예시들은 아동이 배운 것을 일상생활의 삶과 연결할 수 있도록 돕기 위한 사회적 기술 훈련과 연관시킬 수 있는 자료가 될 것이다.

정보적 상태에 대한 생각

이 워크북은 아동에게 정보적 상태를 가르치는 것에 초점을 맞추고 있다. 발달적 수준은 조망(사람이 무엇을 보는가), 지식(사람이 무엇을 아는가), 믿음(사람이 무엇을 생각하는가)을 포함하는 ToM을 가르치기 위해 제안되었다. 처음 다섯 수준은 이전의 책에 기초하고 있다. 여섯 번째 수준은 2차 순위 ToM을 포함시킴으로써 우리의 기존 연구를 확장했다. 처음 두 수준은 사람들이 서로 다른 것을 보거나, 같은 사물에 대해 다른 시각적 조망을 가질 수 있다는 생각에 접하도록 하는 수준이다. 이 두 수준은 우리의 이전 워크북의 단계와 일치하며, 보는 것과 아는 것을 연관시키는 데 중요하다.

세 번째 수준은 이전 워크북을 기반으로 하여, 사람들이 무엇을 알고 무엇을 모르는지, 그리고 지식의 근원에 대해 아동이 이해할 수 있도록 돕기 위한 이야기를 제공한다. 이전 책을 확장하여, 이 수준(수준 4에서 6까지와 함께)에서는 아동이 마음상태를 이해할 수 있도록 돕기 위해 생각 구름을 사용한다. 아동이 이야기 주인공의 생각을 손가락으로 가리킬 수 있도록 워크북이 구성되어 있다. 또는 예시들을 복사하여 아동이 주인공의 생각과 관련된 그림을 색칠하게 할 수도 있다.

수준 4에서 6까지는 사람이 무엇을 생각하는지에 대해 아동이 이해할 수 있도록 하고, 사람이 옳거나 잘못된 생각을 할 수 있다는 것을 인지하도록 하는 것을 목표로 한다. 수준 6은 사람은 다른 사람이 생각하는 것에 대해 생각하는 내포된 믿음을 가르치는 것이 목표로 추가된 것이다.

시각적 조망 수용

사람의 생각에 대해 이해시키는 학습을 시작하기 전에, 사람들은 서로 다른 것을 볼 수 있다는 것을 이해하는 조망 수용에 대해 생각해보도록 격려할 수 있다. 시각적 조망수용은 다음과 같이 두 가지 조망 수용으로 구분된다.

수준 1 : 단순 조망 수용 – 아동과 교사가 서로 다른 것을 볼 수 있음을 이해하는 것

수준 2 : 복잡 조망 수용 – 어떤 것을 아동과 교사가 다르게 지각하고 있음을 이해하는 것

개념적 조망 수용

다음 네 개 수준은 수준 1과 수준 2를 기반으로 한다. 이는 사람들이 다른 것을 보거나 다른 조망을 가질 수 있다는 것을 이해하는 아동의 능력을 확장하여, 사람들이 다른 것을 생각하거나 같은 대상에 대해 다른 생각을 가질 수 있다는 것을 이해하도록 하는 것이다. 이런 능력을 흔히 개념적 조망 수용이라 한다. 개념적 조망 수용은 생각에 대해 이해하는 것과 생각이 어떻게 사람의 행동과 정서를 예측할 수 있게 하는지에 대해 이해하는 것이다. 아동이 다른 사람의 생각에 대해 생각하고 이를 행동과 연관시키도록 격려하기 위한 단계적인 네 개의 수준은 다음과 같다.

수준 3 : 보아야 안다 – 사람은 직접적 또는 간접적으로 경험한 것에 대해서만 안다는 것을 이해한다.

수준 4 : 옳은 믿음 – 사람은 사실과 일치하는 옳은 믿음을 가질 수 있으며, 사람의 행동은 그 사람의 믿음과 관련이 있음을 이해한다.

수준 5 : 틀린 믿음 – 사람은 사실과 일치하지 않는 틀린 믿음을 가질 수 있으며, 사람의 행동은 그 사람의 믿음과 관련이 있음을 이해한다.

수준 6 : 내포된 믿음 – 사람은 다른 사람의 생각에 대해 생각할 수 있고 이를 사용하여 그 사람이 할 이후의 행동을 예측할 수 있다.

chapter **2** ▶

시각적
조망 수용

수준 1과 2는 아동에게 시각적 조망 수용, 즉 사람들은 서로 다른 사물을 보거나 또는 같은 사물을 보더라도 서로 다른 시각적 조망을 가질 수 있음을 가르치는 것을 목표로 한다.

Teaching Children with Autism to Mind-Read: The Workbook, First Edition.
Julie A. Hadwin, Patricia Howlin and Simon Baron-Cohen.
© 2015 John Wiley & Sons, Ltd. Published 2015 by John Wiley & Sons, Ltd.

단순 조망 수용

단순 조망 수용은 사람들이 서로 다른 것을 볼 수 있다는 것을 이해하는 것이다. 아동은 다른 사람이 무엇을 볼 수 있고 볼 수 없는지를 판단해야만 한다. 이 경우 다른 사람이 보는 것은 아동이 볼 수 있는 것과는 다른 것이다.

재료

카드의 양쪽 면에 서로 다른 그림이 그려진 다양한 카드를 사용한다.

예를 들어

1. 펜/열쇠
2. 강아지/나무
3. 전화기/꽃
4. 자동차/뱀

평가하기와 가르치기

카드의 양쪽 면에 그려진 그림이 모두 아동에게 보이도록 카드를 제시한다.

아동에게 카드의 양쪽 면에 그려진 그림을 말하도록 한다.

질문 : "이것은 무엇이지?"

그리고 카드를 교사와 아동 가운데에서 수직으로 든다.

질문 : "네게는 무엇이 보이니?" (아동은 자신의 앞에 보이는 그림의 이름을 말해야 한다.)

질문 : "나에게는 무엇이 보일까?" (아동은 교사를 향하고 있는 그림카드 쪽의 그림 이름을 말해야 한다.)

카드의 앞뒤를 돌려서 교사와 아동이 두 그림을 모두 보도록 한다.

단순 조망 수용의 예 : 강아지와 나무

강아지 그림 – 앞면

이것이 무엇이지?

[카드를 세워서 잡고] 네게는 무엇이 보이니?

나무 그림 – 뒷면

이것이 무엇이지?

[카드를 세워서 잡고] 네게는 무엇이 보이니?

교수 절차

아동에게는 강아지가 보이고 교사에게는 나무가 보이도록 그림카드를 교사와 아동 사이에 수직으로 세워서 잡는다.

아동이 자신에게 보이는 것은 정확하게 답하는 반면 교사에게 보이는 것을 정확하게 답하지 못하면…

아동을 향하고 있는 그림을 가리키면서 "네게는 강아지가 보이지. 그렇지? 네가 보고 있는 쪽에는 강아지가 있어." 라고 말한다.

교사를 향하고 있는 그림을 가리키면서 "그렇지만 봐! 내가 보고 있는 쪽에는 무엇이 있지?" "나에게는 뭐가 보이지?"

보상을 준다 : "그렇지. 나에게는 나무가 보여." [아동이 다시 틀리게 답하면 답을 알려주고 다음 문제로 넘어간다.]

아동에게 강아지가 보이도록 카드를 보여준다.

"나는 강아지를 볼 수 없어. 너만 강아지를 볼 수 있어."

아동이 옳은 답을 하건 틀린 답을 하건 일반적 원리를 말해준다.

일반적 원리

> **모든 사람이 항상 같은 것을 보지는 않는다.**
> **사람들은 자주 서로 다른 것을 보기도 한다.**

복잡 조망 수용

복잡 조망 수용은 사람들이 무엇을 볼 수 있는지뿐만 아니라 그것이 어떻게 보이는지에 대해 이해하는 것이다. 아동은 다른 사람이 무엇을 볼 수 있는지와 그것이 어떻게 보이는지에 대해서도 판단해야 한다.

재료

아동이 관심을 가지는 항목이 그려진 그림카드를 선택한다.

예를 들어
1. 주전자
2. 케이크
3. 코끼리
4. 미키마우스

평가하기와 가르치기

그림이 그려진 카드를 교사와 아동 사이의 상 위에 놓아서, 그림이 교사와 아동에게 서로 다르게 보이도록 한다.

질문 : "이것은 무엇이지?"

그리고 카드를 가리킨다.

질문 : "네가 이 그림을 보면 그림이 거꾸로 서 있니 바로 서 있니?" (아동이 답한다.)

질문 : "내가 이 그림을 보면 그림이 거꾸로 서 있을까 바로 서 있을까?" (아동이 답한다.)

카드를 돌려서 교사와 아동이 모두 두 가지 조망에서 그림을 보도록 한다.

주 : 카드를 돌려서 제시했을 때는 '거꾸로'와 '바로' 단어를 반대로 사용하여 질문하
도록 주의하라.

복잡 조망 수용의 예

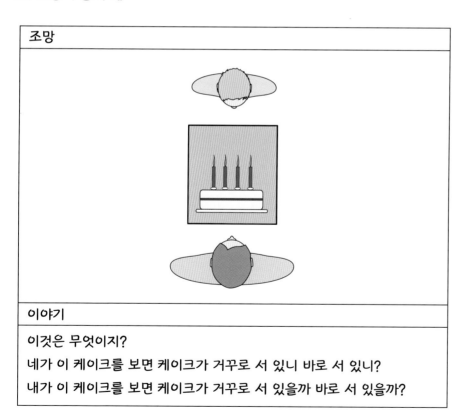

조망

이야기
이것은 무엇이지? 네가 이 케이크를 보면 케이크가 거꾸로 서 있니 바로 서 있니? 내가 이 케이크를 보면 케이크가 거꾸로 서 있을까 바로 서 있을까?

교수 절차

그림이 교사와 아동에게 서로 다르게 보이도록 그림카드를 교사와 아동 사이의 상위에 놓는다. 그리고 아동에게 질문한다.

"네가 이 케이크를 보면 케이크가 거꾸로 서 있니 바로 서 있니?"

"내가 이 케이크를 보면 케이크가 거꾸로 서 있을까 바로 서 있을까?"

아동이 자신의 조망에 정확하게 답하지만 교사의 조망에 대해서는 틀린 답을 하면 다음과 같이 말한다.

"봐, 네가 케이크를 보면 바로 서 있는 것으로 보여. 그렇지만 내가 케이크를 보면 거꾸로 서 있는 것으로 보여. 내가 카드를 돌리면 어떻게 되는지 잘 봐."

[카드를 돌려서 아동에게는 케이크가 거꾸로 보이지만 교사에게는 바로 보이도록 한다.]

"이제는 내가 케이크를 보면 바로 보이고 네가 보면 거꾸로 보이지."

[정확한 답에 대해서는] 보상을 한다 : "맞았어. 내게는 케이크가 바로/거꾸로 보여!"

[아동이 또 다시 정확하게 답하지 못하면, 답을 알려주고 다음 예로 넘어간다.]

[사용할 수 있는 다른 교수법은 그림은 같은 위치에 그대로 놓아둔 채, 아동과 교사의 자리를 바꾸어서 다른 조망을 강조하는 것이다.]

일반적 원리

사람들은 같은 사물을 서로 다르게 볼 수 있다.

chapter 3 ▶

개념적
조망 수용

수준 3부터 6까지는 다른 사람의 믿음과 행동에 대해 생각하는 것이 요구된다. 이러한 유형의 사고를 흔히 개념적 조망 수용 또는 마음이론이라 한다. 아동이 믿음의 근원을 이해할 수 있도록 돕는 것이 목표이다(수준 3). 사람이 가지고 있는 믿음이 옳은 것이든(수준 4) 틀린 것이든(수준 5), 사람의 행동은 그 사람이 가지고 있는 믿음에 달려 있다는 것을 이해하도록 돕는다. 이외에 사람은 다른 사람이 생각하는 것을 생각할 수 있으며, 이러한 생각이 사람의 행동을 예측하는 데 어떻게 사용되는지를 이해하도록 돕는 것을 목표로 한다(수준 6).

이 수준의 교수에는 이야기 주인공이 무엇을 생각하는지를 아동이 이해하도록 돕기 위해 생각 구름을 사용한다. 생각 구름은 사람이 알거나, 바라거나, 생각하는 것이 무엇인지를 묘사하는 데 사용된다.

다음 절에서 수준 3부터 6까지를 가르치기 위해 생각 구름에 대해 아동에게 알려주고 이것의 사용법을 이해하도록 돕는 방법을 소개하고 있다.

생각 구름 사용법에 대해 소개하는 절 이후에는 수준 3 '보아야 안다'에 대한 방법부터 기술할 것이다.

Teaching Children with Autism to Mind-Read: The Workbook, First Edition.
Julie A. Hadwin, Patricia Howlin and Simon Baron-Cohen.
© 2015 John Wiley & Sons, Ltd. Published 2015 by John Wiley & Sons, Ltd.

생각 구름에 대해 알려주기

생각 구름은 사람이 무엇을 생각하고 있는지를
알려준다.

사람이 무엇을 생각하고 있는지 한번 보자.

봐, 정우는 배가 고파.

정우는 저녁식사에 대해
생각하고 있어.

여기 사람들이 있네. 이 사람들이 각각 무엇을 생각하고 있는지 지적해 보자.

민지는 자기 인형을 찾고 있어.

민지는 인형이 어디에 있다고 생각하고 있을까?

진수는 자기 책을 가지러 가고 있어.

진수는 책이 어디에 있다고 생각하고 있을까?

보아야 안다

'보아야 안다'는 원리를 아동이 이해하는지는 사람들은(자신도 포함하여) 직접 경험하거나 간접적으로 경험한 것에 대해서만 안다는 사실을 이해하는지로 알 수 있다. 이 수준의 이해는 무엇을 보는 것과 그것에 대해 아는 것 간의 관련성에 초점을 맞추어 단순화시킬 수 있다. 이 워크북에는 포함되지 않았지만, 듣는 것과 아는 것, 느낌을 가지는 것과 아는 것 간의 관계에 대한 이해도 이 수준에 포함된다.

이 수준은 두 부분으로 나뉜다.

수준 3A : 자기 판단 – 자신이 어떤 사물에 대해 경험을 하면 그 사물에 대해 알게 된다는
       사실을 이해하는 것

수준 3B : 타인 판단 – 사람이 어떤 사물에 대해 경험을 하면 그 사물에 대해 알게 된다는
       사실을 이해하는 것

수준 3A : 자기 판단

이 절은 수준 3B(타인 판단)에 대한 기초가 된다. 이 수준은 아동에게 자신이 무엇을 보았는지를 토대로 자신이 알고 있는 것과 모르고 있는 것이 무엇인지에 대해 생각하도록 하는 것이다.

이 수준에서는 보는 것과 아는 것 간의 관계를 아동이 이해하도록 하기 위해서 한 쌍의 물건을 사용하여 숨긴 후 찾아내도록 한다. 쉽게 알 수 있는 상자(예 : 치약 상자, 크레파스 상자, 과자 상자)나 어떤 표시도 없는 상자(예 : 구두 상자)에 물건을 숨긴다. 교사가 자신의 손을 사용하여 이 게임을 할 수도 있다. 예를 들어 한쪽 손에 물건을 숨기고 나서 아이에게 어떤 손에 물건이 있는지를 알아맞히도록 하면 된다.

숨겨야 할 물건을 두 장소 중 한 곳에 각각 숨긴다. 또는 색이나 크기가 다른 동일한 물건(예 : 초록색 연필과 빨간색 연필, 또는 긴 연필과 짧은 연필) 중 하나를 한 곳에 숨길 수도 있다. 이 경우 아동은 교사가 숨긴 물건이 어떤 것인지를 맞혀야 한다.

두 가지 형태의 게임이 있다. 첫 번째 형태에서는 교사가 무엇을 숨겼는지 어디에 물건을 숨겼는지 아동이 보지 못한다. 두 번째 형태에서는 교사가 물건을 숨기는 것을 보거나 두 장소 중 한 곳에 물건을 넣는 것을 본다.

재료

예 : 상자 한 개 / 큰 초록색 크레파스 / 작은 초록색 크레파스

평가하기와 가르치기

아동에게 상자와 두 개의 물건, 예를 들어 큰 초록색 크레파스와 작은 초록색 크레파스를 보여준다.

설명 : "이 상자를 가지고 숨기기 놀이를 하자. 이 크레파스 봐봐. 이것은 크고 저것은 작아. 내가 이 두 개 중 한 개를 상자 속에 숨길 거야. 내가 어떤 것을 상자 속에 넣는지 네가 볼 수 없게 눈 감고 있을래?" [두 번째 형태에서는 아이에게 눈을 감고 있으라고 말하지 않는다.]

상자에 큰 크레파스를 숨기고 다른 하나는 아이에게 보이지 않는 다른 곳에 놓는다.

설명 : "자 이제 눈을 떠 보자!"

질문 : "너는 어떤 크레파스가 상자 안에 있는지 아니?"

질문 : "어떤 크레파스가 상자 안에 있는지 너는 왜 모르지?"

상자를 열어서 어떤 크레파스가 들어 있는지 아동이 알도록 한다.

교수 절차

어떤 물건이 상자에 있는지 자신이 안다/모른다를 정확하게 답하거나 교사가 어디에 물건을 숨겼는지에 대해 정확하게 답하면, 왜 그렇게 답했는지를 질문해서 어떤 물건이 또는 어떤 상자에 물건이 있는지를 자신이 어떻게 알게 되었는지에 대해 이해할 수 있도록 강화한다.

예시 : 너는 내가 큰 크레파스를 상자에 넣는 것을 봤어. 그래서 너는 그것이 상자에 있는 것을 아는 거야. 보면 알게 되는 거야. 또는 너는 내가 큰 크레파스를 상자에 넣는 것을 보지 않았어. 그래서 너는 그것이 상자에 있다는 것을 모르는 거야. 보지 않으면 알 수 없어.

아동이 틀린 답을 하면 정답과 함께 그 답이 정답이 되는 이유를 알려준다.

아동의 답이 옳건 그르건 항상 아동에게 믿음에 포함된 일반적 원리를 말해준다.

> **사람들은 자신이 본 것에 대해서만 안다.**
> **만약 무엇인가를 볼 수 없다면 그것에 대해 알지 못한다.**

수준 3B : 타인 판단

이 수준은 타인은 자신이 직접적으로 또는 간접적으로 경험한 것만 알고 있다는 것을 아동이 이해하는지를 평가하기 위해 '보아야 안다'는 원칙을 다룬다.

1. 나현, 정우와 공

나현이가 집에 있어.
나현이가 공을 가지고 있어.

나현이가 공을 상자에 넣었어.

정우가 집으로 들어왔어.
정우가 공을 찾고 싶어 해.

공이 어디에 있는지 누가 알까?

| 나현 | 정우 |

나현이가 공을 상자에 넣었어. 그래서 나현이는 공이 거기에 있다는 것을 알아.
네가 보면, 너는 알게 되는 거야.

정우는 나현이가 공을 상자에 넣은 것을 보지 못했어. 그래서 정우는 공이 거기 있
는 것을 몰라. 네가 보지 못하면, 너는 모르는 거야.

> 사람들은 자신이 본 것에 대해서만 안다.
> 만약 무엇인가를 볼 수 없다면 그것에 대해 알지 못한다.

2. 지훈, 현수와 과자

지훈이와 현수가 청소를 하고 있어.
지훈이가 우유를 냉장고에 넣었어.

현수가 과자를 찬장에 넣었어.

지훈이가 "과자를 먹자."라고 말해.

과자가 어디에 있는지 누가 알까?

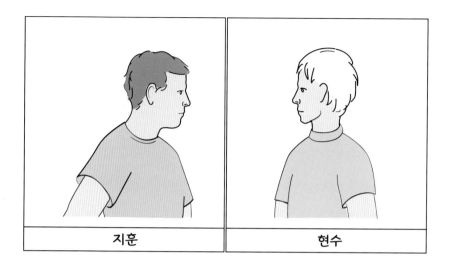

| 지훈 | 현수 |

현수가 과자를 찬장에 넣었어. 그래서 현수는 과자가 거기에 있다는 것을 알아. 네가 보면, 너는 알게 되는 거야.

지훈이는 현수가 과자를 찬장에 넣는 것을 보지 못했어. 그래서 지훈이는 과자가 거기 있는 것을 몰라. 네가 보지 못하면, 너는 모르는 거야.

> 사람들은 자신이 본 것에 대해서만 안다.
> 만약 무엇인가를 볼 수 없다면 그것에 대해 알지 못한다.

3. 엄마, 윤지와 사탕

엄마와 윤지가 공원에 있어.

엄마가 사탕을 갖고 있어.
엄마가 사탕을 주머니에 넣었어.

윤지가 "사탕 먹어도 돼요?"라고 물어.

사탕이 어디에 있는지 누가 알까?

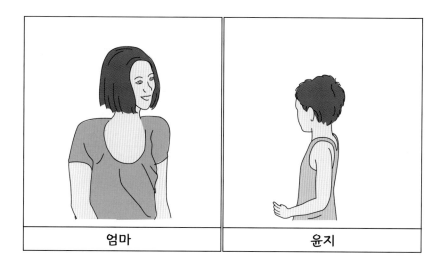

| 엄마 | 윤지 |

엄마가 사탕을 주머니에 넣었어. 그래서 엄마는 사탕이 거기에 있다는 것을 알아. 네가 보면, 너는 알게 되는 거야.

윤지는 엄마가 사탕을 주머니에 넣는 것을 보지 못했어. 그래서 윤지는 사탕이 거기에 있는 것을 몰라. 네가 보지 못하면, 너는 모르는 거야.

> 사람들은 자신이 본 것에 대해서만 안다.
> 만약 무엇인가를 볼 수 없다면 그것에 대해 알지 못한다.

4. 소현, 진수와 크레파스

진수가 새 크레파스를 가지고 있어.

진수가 크레파스를 책상 서랍에 넣었어.

소현이가 왔어.
소현이는 그림을 그리려고 해.

크레파스가 어디에 있는지 누가 알까?

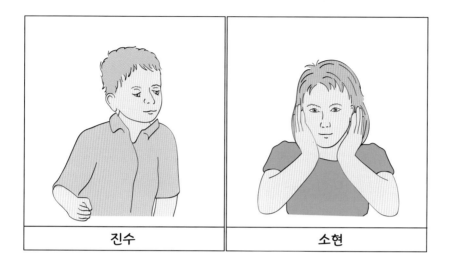

| 진수 | 소현 |

진수가 크레파스를 책상 서랍에 넣었어. 그래서 진수는 크레파스가 거기에 있는 것을 알아. 네가 보면, 너는 알게 되는 거야.

소현이는 진수가 크레파스를 책상 서랍에 넣는 것을 보지 못했어. 그래서 소현이는 크레파스가 거기에 있는 것을 몰라. 네가 보지 못하면, 너는 모르는 거야.

사람들은 자신이 본 것에 대해서만 안다.
만약 무엇인가를 볼 수 없다면 그것에 대해 알지 못한다.

5. 수민, 지혜와 조개껍데기

수민이와 지혜가 해변에 있어.
수민이와 지혜가 커다란 조개껍데기를 발견했어.

수민이는 조개껍데기를 더 찾고 있어.
지혜는 커다란 조개껍데기를 양동이에 넣었어.

수민이가 커다란 조개껍데기를 보고 싶어해.

커다란 조개껍데기가 어디에 있는지 누가 알까?

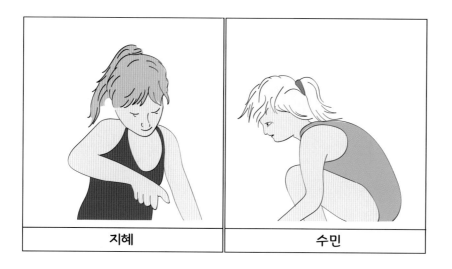

| 지혜 | 수민 |

지혜가 커다란 조개껍데기를 양동이에 넣었어. 그래서 지혜는 커다란 조개껍데기가 거기에 있다는 것을 알아. 네가 보면, 너는 알게 되는 거야.

수민이는 지혜가 커다란 조개껍데기를 양동이에 넣는 것을 보지 못했어. 그래서 수민이는 커다란 조개껍데기가 거기에 있다는 것을 몰라. 네가 보지 못하면, 너는 모르는 거야.

> **사람들은 자신이 본 것에 대해서만 안다.**
> **만약 무엇인가를 볼 수 없다면 그것에 대해 알지 못한다.**

6. 아빠, 서준이와 휴대폰

아빠가 요리를 하고 있어.
서준이가 놀고 있어.

서준이가 아빠의 휴대폰을 발견했고,
그것을 자신의 장난감 상자에 넣었어.

아빠가 전화하고 싶어 해.

휴대폰이 어디에 있는지 누가 알까?

| 아빠 | 서준 |

서준이가 휴대폰을 자신의 장난감 상자에 넣었어. 그래서 서준이는 휴대폰이 거기에 있다는 것을 알아. 네가 보면, 너는 알게 되는 거야.

아빠는 서준이가 휴대폰을 장난감 상자에 넣은 것을 보지 못했어. 그래서 아빠는 휴대폰이 거기에 있다는 것을 몰라. 네가 보지 못하면, 너는 모르는 거야.

> 사람들은 자신이 본 것에 대해서만 안다.
> 만약 무엇인가를 볼 수 없다면 그것에 대해 알지 못한다.

7. 지유, 소희와 곰 인형

소희가 이를 닦고 있어.

지유가 소희의 곰 인형을 담요 아래에 두었어.

소희가 곰 인형을 원해.

곰 인형이 어디에 있는지 누가 알까?

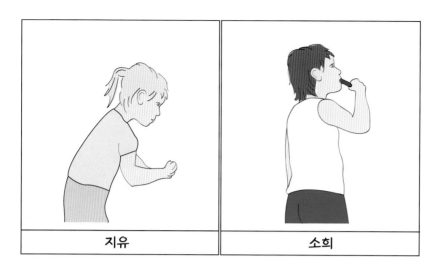

| 지유 | 소희 |

지유가 곰 인형을 담요 아래에 두었어. 그래서 지유는 곰 인형이 거기에 있다는 것을 알아. 네가 보면, 너는 알게 되는 거야.

소희는 지유가 곰 인형을 담요 아래에 두는 것을 보지 못했어. 그래서 소희는 곰 인형이 거기에 있다는 것을 몰라. 네가 보지 못하면, 너는 모르는 거야.

> 사람들은 자신이 본 것에 대해서만 안다.
> 만약 무엇인가를 볼 수 없다면 그것에 대해 알지 못한다.

8. 연우, 민서와 찰흙

민서와 연우가 찰흙을 가지고 있어.

민서가 밀대를 자기 의자 위에 두었어.

연우가 찰흙을 밀대로 밀고 싶어 해.

밀대가 어디에 있는지 누가 알까?

| 연우 | 민서 |

민서는 밀대를 자기 의자 위에 두었어. 그래서 민서는 밀대가 거기에 있는 것을 알아. 네가 보면, 너는 알게 되는 거야.

연우는 민서가 밀대를 의자 위에 둔 것을 보지 못했어. 그래서 연우는 밀대가 거기에 있는 것을 몰라. 네가 보지 못하면, 너는 모르는 거야.

> 사람들은 자신이 본 것에 대해서만 안다.
> 만약 무엇인가를 볼 수 없다면 그것에 대해 알지 못한다.

9. 민호, 지혁이와 자동차

민호는 자동차를, 지혁이는 기차를 가지고 있어.

민호가 자동차를 차고에 넣었어.

지혁이는 자동차를 가지고 놀고 싶어 해.

자동차가 어디에 있는지 누가 알까?

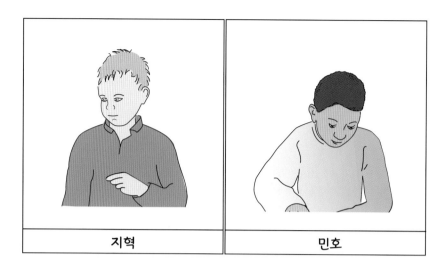

| 지혁 | 민호 |

민호가 자동차를 차고에 넣었어. 그래서 민호는 자동차가 거기에 있는 것을 알아. 네가 보면, 너는 알게 되는 거야.

지혁이는 민호가 자동차를 차고에 넣는 것을 보지 못했어. 그래서 지혁이는 자동차가 거기에 있는 것을 몰라. 네가 보지 못하면, 너는 모르는 거야.

> 사람들은 자신이 본 것에 대해서만 안다.
> 만약 무엇인가를 볼 수 없다면 그것에 대해 알지 못한다.

10. 주현, 민태와 자전거

주현이가 새 자전거를 타고 있어.

주현이는 현관에 자전거를 두고
과자를 사러 갔어.

민태가 정원으로 들어와서
"내가 네 새 자전거를 타도 될까?"라고 말해.

자전거가 어디에 있는지 누가 알까?

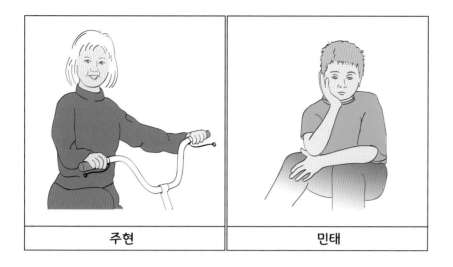

| 주현 | 민태 |

주현이가 자전거를 현관에 두었어. 그래서 주현이는 자기 자전거가 거기에 있다는 것을 알아. 네가 보면, 너는 알게 되는 거야.

민태는 주현이가 자전거를 현관에 둔 것을 보지 못했어. 그래서 민태는 주현이의 자전거가 거기에 있다는 것을 몰라. 네가 보지 못하면, 너는 모르는 거야.

> 사람들은 자신이 본 것에 대해서만 안다.
> 만약 무엇인가를 볼 수 없다면 그것에 대해 알지 못한다.

옳은 믿음

이 수준에서는* 물건이 어디에 있다고 생각하는지에 대한 이야기 주인공의 옳은 믿음에 기초하여 주인공의 행동을 예측해보도록 아동에게 질문한다.

1. 지안이와 책

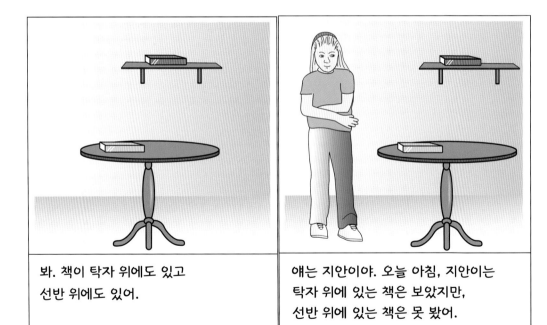

봐. 책이 탁자 위에도 있고 선반 위에도 있어.

얘는 지안이야. 오늘 아침, 지안이는 탁자 위에 있는 책은 보았지만, 선반 위에 있는 책은 못 봤어.

---

* 이 이야기는 Wellman과 동료들에 의해 개발된 이야기에 기초하였다. Wellman, H. (1992). The child's theory of mind. Cambridge Mass: The MIT Press 참조.

지안이는 책이 어디에 있다고 생각할까?

잘 기억해. 지안이는 탁자 위에 있는 책을 보았어. 그래서 지안이는 책이 탁자 위에 있다고 생각할 것이야.

지안이는 선반 위에 있는 책은 못 봤어. 그래서 지안이는 책이 선반 위에 있다고 생각하지 않을 것이야.

> 사람들은 물건이 자신이 보았던 장소에 있다고 생각한다.
> 물건을 보지 못했다면, 물건이 그 장소에 있다는 것을 모른다.

2. 하랑이와 과자

봐. 과자가 접시에도 있고 통에도 있어.

얘는 하랑이야. 오늘 아침, 하랑이는
통에 있는 과자는 보았지만,
접시에 있는 과자는 못 봤어.

하랑이가 과자를 원해.

하랑이는 과자가 어디에 있다고 생각할까?

잘 기억해. 하랑이는 통에 있는 과자를 보았어. 그래서 하랑이는 과자가 통에 있다고 생각할 것이야.

하랑이는 접시에 있는 과자는 못 봤어. 그래서 하랑이는 과자가 접시에 있다고 생각하지 않을 것이야.

> 사람들은 물건이 자신이 보았던 장소에 있다고 생각한다.
> 물건을 보지 못했다면, 물건이 그 장소에 있다는 것을 모른다.

3. 지호와 빗

봐. 빗이 침대 위에도 있고
장난감 상자 위에도 있어.

얘는 지호야. 오늘 아침, 지호는
침대 위에 있는 빗은 보았지만,
장난감 상자 위에 있는 빗은 못 봤어.

지호가 빗을 원해.

지호는 빗이 어디에 있다고 생각할까?

잘 기억해. 지호는 침대 위에 있는 빗을 보았어. 그래서 지호는 빗이 침대 위에 있다고 생각할 것이야.

지호는 장난감 상자 위에 있는 빗은 못 봤어. 그래서 지호는 빗이 장난감 상자 위에 있다고 생각하지 않을 것이야.

> 사람들은 물건이 자신이 보았던 장소에 있다고 생각한다.
> 물건을 보지 못했다면, 물건이 그 장소에 있다는 것을 모른다.

4. 경우와 장갑

봐. 장갑이 코트주머니에도 있고
마루 위에도 있어.

얘는 경우야. 오늘 아침, 경우는
마루 위에 있는 장갑은 보았지만,
코트주머니에 있는 장갑은 못 봤어.

경우가 장갑을 원해.

경우는 장갑이 어디에 있다고 생각할까?

잘 기억해. 경우는 마루 위에 있는 장갑을 보았어. 그래서 경우는 장갑이 마루 위에 있다고 생각할 것이야.

경우는 코트주머니에 있는 장갑은 못 봤어. 그래서 경우는 장갑이 코트주머니에 있다고 생각하지 않을 것이야.

사람들은 물건이 자신이 보았던 장소에 있다고 생각한다.
물건을 보지 못했다면, 물건이 그 장소에 있다는 것을 모른다.

5. 다희와 신문

봐. 신문이 소파 밑에도 있고
책상 위에도 있어.

얘는 다희야. 오늘 아침, 다희는
소파 밑에 있는 신문은 보았지만,
책상 위에 있는 신문은 못 봤어.

다희는 신문을 원해.

다희는 신문이 어디에 있다고 생각할까?

잘 기억해. 다희는 소파 밑에 있는 신문을 보았어. 그래서 다희는 신문이 소파 밑에 있다고 생각할 것이야.

다희는 책상 위에 있는 신문은 못 봤어. 그래서 다희는 신문이 책상 위에 있다고 생각하지 않을 것이야.

> 사람들은 물건이 자신이 보았던 장소에 있다고 생각한다.
> 물건을 보지 못했다면, 물건이 그 장소에 있다는 것을 모른다.

6. 현우와 소방차

봐. 소방차가 깔개 위에도 있고 난로 옆에도 있어.

얘는 현우야. 오늘 아침, 현우는 깔개 위에 있는 소방차는 보았지만, 난로 옆에 있는 소방차는 못 봤어.

현우는 소방차를 원해.

현우는 소방차가 어디에 있다고 생각할까?

잘 기억해. 현우는 깔개 위에 있는 소방차를 보았어. 그래서 현우는 소방차가 깔개 위에 있다고 생각할 것이야.

현우는 난로 옆에 있는 소방차는 못 봤어. 그래서 현우는 소방차가 난로 옆에 있다고 생각하지 않을 것이야.

사람들은 물건이 자신이 보았던 장소에 있다고 생각한다.
물건을 보지 못했다면, 물건이 그 장소에 있다는 것을 모른다.

7. 승연이와 장화

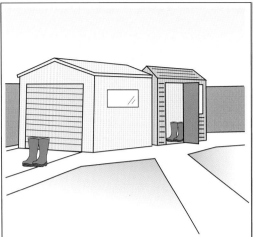

봐. 장화가 헛간에도 있고
차고에도 있어.

얘는 승연이야. 오늘 아침, 승연이는
헛간에 있는 장화는 보았지만,
차고에 있는 장화는 못 봤어.

승연이가 장화를 원해.

승연이는 장화가 어디에 있다고 생각할까?

잘 기억해. 승연이는 헛간에 있는 장화를 보았어. 그래서 승연이는 장화가 헛간에 있다고 생각할 것이야.

승연이는 차고에 있는 장화는 못 봤어. 그래서 승연이는 장화가 차고에 있다고 생각하지 않을 것이야.

> 사람들은 물건이 자신이 보았던 장소에 있다고 생각한다.
> 물건을 보지 못했다면, 물건이 그 장소에 있다는 것을 모른다.

8. 우빈이와 곰 인형

봐. 곰 인형이 옷장 안에도 있고
의자 위에도 있어.

얘는 우빈이야. 오늘 아침, 우빈이는
옷장 안에 있는 곰 인형은 보았지만,
의자 위에 있는 곰 인형은 못 봤어.

우빈이가 곰 인형을 원해.

우빈이는 곰 인형이 어디에 있다고 생각할까?

잘 기억해. 우빈이는 옷장 안에 있는 곰 인형을 보았어. 그래서 우빈이는 곰 인형이 옷장 안에 있다고 생각할 것이야.

우빈이는 의자 위에 있는 곰 인형은 못 봤어. 그래서 우빈이는 곰 인형이 의자 위에 있다고 생각하지 않을 것이야.

> 사람들은 물건이 자신이 보았던 장소에 있다고 생각한다.
> 물건을 보지 못했다면, 물건이 그 장소에 있다는 것을 모른다.

9. 수지와 사탕

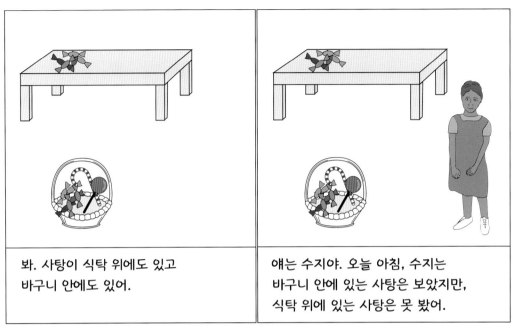

봐. 사탕이 식탁 위에도 있고
바구니 안에도 있어.

얘는 수지야. 오늘 아침, 수지는
바구니 안에 있는 사탕은 보았지만,
식탁 위에 있는 사탕은 못 봤어.

수지가 사탕을 원해.

수지는 사탕이 어디에 있다고 생각할까?

잘 기억해. 수지는 바구니 안에 있는 사탕을 보았어. 그래서 수지는 사탕이 바구니 안에 있다고 생각할 것이야.

수지는 식탁 위에 있는 사탕은 못 봤어. 그래서 수지는 사탕이 식탁 위에 있다고 생각하지 않을 것이야.

> **사람들은 물건이 자신이 보았던 장소에 있다고 생각한다.**
> **물건을 보지 못했다면, 물건이 그 장소에 있다는 것을 모른다.**

10. 진호와 크리켓 방망이

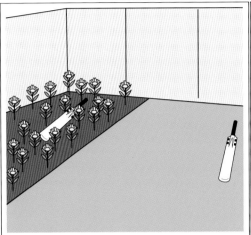

봐. 크리켓 방망이가 잔디밭에도 있고 꽃밭에도 있어.

얘는 진호야. 오늘 아침, 진호는 잔디밭에 있는 크리켓 방망이는 보았지만, 꽃밭에 있는 크리켓 방망이는 못 봤어.

진호가 크리켓 방망이를 원해.

진호는 크리켓 방망이가 어디에 있다고 생각할까?

잘 기억해. 진호는 잔디밭에 있는 크리켓 방망이를 보았어. 그래서 진호는 크리켓 방망이가 잔디밭에 있다고 생각할 것이야.

진호는 꽃밭에 있는 크리켓 방망이는 못 봤어. 그래서 진호는 크리켓 방망이가 꽃밭에 있다고 생각하지 않을 것이야.

사람들은 물건이 자신이 보았던 장소에 있다고 생각한다.
물건을 보지 못했다면, 물건이 그 장소에 있다는 것을 모른다.

틀린 믿음

수준 4에서와 마찬가지로, 수준 5에서도 아동에게 이야기 주인공의 믿음에 기초하여 주인공의 행동을 예측해보도록 질문한다. 이 수준에서는 수준 4를 확장하여 사람이 틀린 믿음을 가질 수 있다는 것, 마음이론 추론을 검사하기 위한 표준접근법, 그리고 틀린 믿음과 행동 간의 관계를 이해하도록 아동을 고무한다. 다음과 같은 두 가지 버전의 과제를 사용한다.

수준 5A : 예상치 못한 위치 이동 과제 – 아동에게 물건 위치에 대해 틀린 믿음을 가지고 있는 이야기 주인공이 물건을 찾기 위해 어디로 갈 것인지를 예측해보도록 한다.

수준 5B : 예상치 못한 내용물 과제 – 이 과제는 아동에게 이야기 주인공의 지식에 기초하여 주인공의 행동을 예측해보도록 요구한다. 내용물에 대한 틀린 믿음을 가지고 있는 사람이 그 상자에 무엇이 들어 있다고 말할 것인지를 아동에게 예측해보도록 하는 것이다. 이 수준에서는 상자 겉면에 적힌 것이 상자에 들어 있을 것이라는(예를 들어, 스마티 상자에는 스마티가 들어 있을 것이다) 사람들의 일반적인 기대에 대한 아동의 이해가 필요하다.

수준 5A : 틀린 믿음 – 예상치 못한 위치 이동 과제

아동에게 물건 위치에 대해 틀린 믿음을 가지고 있는 이야기 주인공이 물건을 찾기 위해 어디로 갈 것인지를 예측해보도록 질문한다.

1. 해영, 도준이와 줄넘기

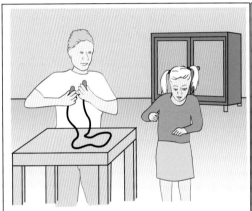

봐. 여기에 해영이와 도준이가 있어.
도준이가 줄넘기를 가지고 있어.
도준이는 줄넘기를 탁자 위에 두었어.

도준이가 공원에 놀러 나갔어.
그래서 도준이는 해영이가 하고 있는
것을 볼 수 없어. 해영이가 탁자 위에
있는 줄넘기를 가져와 찬장 안에
넣었어.

도준이가 줄넘기를 가지러 오고 있어.

도준이는 줄넘기가 어디에 있다고 생각할까?

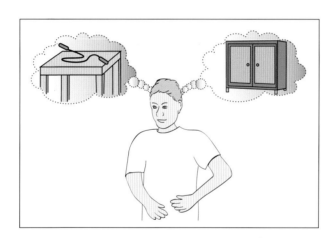

잘 기억해. 도준이가 탁자 위에 줄넘기를 두었어. 그래서 도준이는 줄넘기가 탁자 위에 있다고 생각할 것이야.

도준이는 해영이가 줄넘기를 찬장 안에 넣는 것을 못 봤어. 그래서 도준이는 줄넘기가 찬장 안에 있다고 생각하지 않을 것이야.

물건이 다른 곳으로 옮겨졌다는 것을 모르면,
사람들은 물건이 원래 있었던 곳에 있다고 생각한다.

2. 동우, 유리와 분필

봐. 여기에 동우와 유리가 있어.
유리가 분필을 가지고 있어.
유리는 분필을 책상 서랍에 두었어.

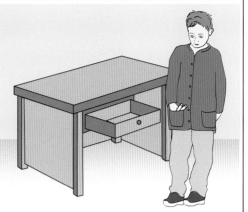

유리가 신문을 가지러 나갔어. 그래서
유리는 동우가 하고 있는 것을 볼 수 없어.
동우가 책상 서랍에 있는 분필을 꺼내서
자기 주머니에 넣었어.

유리가 분필을 가지러 오고 있어.

유리는 분필이 어디에 있다고 생각할까?

잘 기억해. 유리가 책상 서랍에 분필을 두었어. 그래서 유리는 분필이 책상 서랍에 있다고 생각할 것이야.

유리는 동우가 분필을 자기 주머니에 넣는 것을 못 봤어. 그래서 유리는 분필이 동우의 주머니에 있다고 생각하지 않을 것이야.

> 물건이 다른 곳으로 옮겨졌다는 것을 모르면,
> 사람들은 물건이 원래 있었던 곳에 있다고 생각한다.

3. 지효, 채연이와 수영복

봐. 여기에 지효와 채연이가 있어.
이 둘은 수영하러 가는 길이야.
채연이가 자기 수영복을 침대 위에 두었어.

채연이가 가방을 가지러 나갔어. 그래서
채연이는 지효가 하고 있는 것을 볼 수
없어. 지효가 침대 위에 있는 채연이의
수영복을 자기 가방에 넣었어.

채연이가 수영복을 가지러 오고 있어.

채연이는 수영복이 어디에 있다고 생각할까?

잘 기억해. 채연이가 침대 위에 수영복을 두었어. 그래서 채연이는 수영복이 침대 위에 있다고 생각할 것이야.

채연이는 지효가 수영복을 자기 가방에 넣는 것을 못 봤어. 그래서 채연이는 수영복이 지효 가방에 있다고 생각하지 않을 것이야.

> 물건이 다른 곳으로 옮겨졌다는 것을 모르면,
> 사람들은 물건이 원래 있었던 곳에 있다고 생각한다.

4. 수영, 윤아와 종

봐. 여기에 수영이와 윤아가 있어.
수영이가 점심시간에 종을 울릴 거야.
수영이는 종을 바닥에 두었어.

수영이가 시계를 가지러 나갔어. 그래서
수영이는 윤아가 하고 있는 것을 볼 수
없어. 윤아가 바닥에 있는 종을 가져와서
자기 코트 밑에 숨겼어.

수영이가 종을 가지러 오고 있어.

수영이는 종이 어디에 있다고 생각할까?

잘 기억해. 수영이가 바닥에 종을 두었어. 그래서 수영이는 종이 바닥에 있다고 생각할 것이야.

수영이는 윤아가 종을 자기 코트 밑에 숨기는 것을 못 봤어. 그래서 수영이는 종이 윤아 코트 밑에 있다고 생각하지 않을 것이야.

물건이 다른 곳으로 옮겨졌다는 것을 모르면,
사람들은 물건이 원래 있었던 곳에 있다고 생각한다.

5. 현중, 재경이와 숙제

봐. 여기에 현중이와 재경이가 있어.
현중이가 숙제를 가지고 있어.
현중이는 숙제를 파일에 넣었어.

현중이가 코트를 가지러 나갔어. 그래서
현중이는 재경이가 하고 있는 것을 볼 수
없어. 재경이가 파일 안에 있는 숙제를
꺼내서 배낭에 넣었어.

현중이가 숙제를 가지러 오고 있어.

현중이는 숙제가 어디에 있다고 생각할까?

잘 기억해. 현중이가 숙제를 파일 안에 넣었어. 그래서 현중이는 숙제가 파일 안에 있다고 생각할 것이야.

현중이는 재경이가 숙제를 배낭에 넣는 것을 못 봤어. 그래서 현중이는 숙제가 배낭 안에 있다고 생각하지 않을 것이야.

물건이 다른 곳으로 옮겨졌다는 것을 모르면,
사람들은 물건이 원래 있었던 곳에 있다고 생각한다.

6. 성연, 영강이와 주스

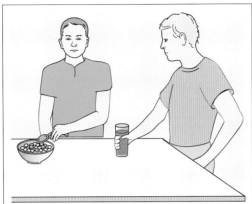

봐. 여기에 성연이와 영강이가 아침을 먹고 있어.

성연이는 토스트를 가지러 갔어. 그래서 성연이는 영강이가 하고 있는 것을 볼 수 없어. 영강이가 식탁에 있는 주스를 가져다 마셔버렸어. 주스가 영강이 뱃속으로 들어갔어!

성연이가 주스를 가지러 오고 있어.

성연이는 주스가 어디에 있다고 생각할까?

잘 기억해. 성연이는 주스가 식탁 위에 있는 것을 보았어. 그래서 성연이는 주스가 식탁 위에 있다고 생각할 것이야.

성연이는 영강이가 주스를 마시는 것을 못 봤어. 그래서 성연이는 자기 주스가 영강이의 뱃속에 있다고 생각하지 않을 것이야.

> 물건이 다른 곳으로 옮겨졌다는 것을 모르면,
> 사람들은 물건이 원래 있었던 곳에 있다고 생각한다.

7. 주영, 정민이와 포크

봐. 주영이와 정민이가 점심을 먹고 있어. 정민이가 자기 접시 옆에 포크를 두었어.

정민이가 칼을 가지러 나갔어. 그래서 정민이는 주영이가 하고 있는 것을 볼 수 없어. 주영이가 접시 옆에 있는 정민이의 포크를 쳐서 포크가 바닥으로 떨어졌어.

정민이가 점심을 먹으러 오고 있어.

정민이는 포크가 어디에 있다고 생각할까?

잘 기억해. 정민이가 자기 접시 옆에 포크를 두었어. 그래서 정민이는 포크가 접시 옆에 있다고 생각할 것이야.

정민이는 주영이가 자기 포크를 쳐서 포크가 바닥으로 떨어지는 것을 못 봤어. 그래서 정민이는 자기 포크가 바닥에 있다는 것을 알지 못할 것이야.

> 물건이 다른 곳으로 옮겨졌다는 것을 모르면,
> 사람들은 물건이 원래 있었던 곳에 있다고 생각한다.

8. 아인, 엄마와 잠옷

봐. 여기에 아인이와 엄마가 있어.
아인이가 자기 잠옷이 서랍에 있는 것을
보았어.

아인이가 양치하러 나갔어. 그래서
아인이는 엄마가 하는 것을 볼 수 없어.
엄마가 서랍에 있는 아인이의 잠옷을
가져와서 라디에이터 위에 올려 놓았어.

아인이가 잠옷을 가지러 오고 있어.

아인이는 잠옷이 어디에 있다고 생각할까?

잘 기억해. 아인이는 잠옷이 서랍에 있는 것을 보았어. 그래서 아인이는 잠옷이 서랍에 있다고 생각할 것이야.

아인이는 엄마가 자기 잠옷을 라디에이터 위에 올려 놓는 것을 못 봤어. 그래서 아인이는 자기 잠옷이 라디에이터 위에 있다고 생각하지 않을 것이야.

> 물건이 다른 곳으로 옮겨졌다는 것을 모르면,
> 사람들은 물건이 원래 있었던 곳에 있다고 생각한다.

9. 연호, 도현이와 소풍

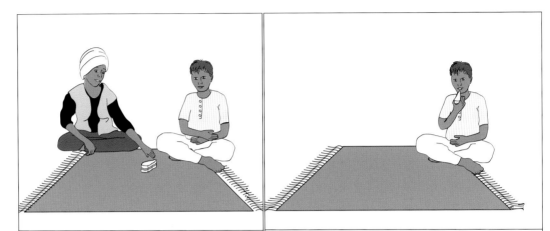

봐. 연호와 도현이가 소풍을 왔어.
도현이가 케이크를 담요 위에 놓았어.

도현이가 주스를 가지러 나갔어. 그래서
도현이는 연호가 하고 있는 것을 볼 수 없어.
연호가 담요 위에 놓여 있는 케이크를 가져와
먹어버렸어. 케이크가 연호 뱃속으로 들어갔어!

도현이가 케이크를 가지러 오고 있어.

도현이는 케이크가 어디에 있다고 생각할까?

잘 기억해. 도현이가 담요 위에 케이크를 두었어. 그래서 도현이는 케이크가 담요 위에 있다고 생각할 것이야.

도현이는 연호가 케이크를 먹는 것을 못 봤어. 그래서 케이크가 연호의 뱃속에 있다고 생각하지 않을 것이야.

> 물건이 다른 곳으로 옮겨졌다는 것을 모르면,
> 사람들은 물건이 원래 있었던 곳에 있다고 생각한다.

10. 은성, 가은이와 공

봐. 여기에 은성이와 가은이가 있어.
가은이가 공을 가지고 있어.
가은이는 공을 잔디밭에 두었어.

가은이가 코트를 가지러 갔어. 그래서
가은이는 은성이가 무엇을 하고 있는지
볼 수 없어. 은성이가 공을 덤불 속으로 찼어.

가은이가 공을 가지러 오고 있어.

가은이는 공이 어디에 있다고 생각할까?

잘 기억해. 가은이가 잔디밭에 공을 두었어. 그래서 가은이는 공이 잔디밭에 있다고 생각할 것이야.

가은이는 은성이가 공을 덤불 속으로 차는 것을 못 봤어. 그래서 가은이는 공이 덤불 속에 있다고 생각하지 않을 것이야.

> 물건이 다른 곳으로 옮겨졌다는 것을 모르면,
> 사람들은 물건이 원래 있었던 곳에 있다고 생각한다.

수준 5B : 틀린 믿음 – 예상치 못한 내용물 과제

여기서는 아동에게 이야기 주인공의 지식에 기초하여 주인공의 행동을 예측하도록 한다. 구체적으로 말하자면, 내용물에 대한 틀린 믿음을 가진 사람이 그 상자에 무엇이 들어 있다고 말할 것인지를 아동에게 예측해보도록 하는 것이다. 이 수준은 상자 겉면에 적힌 것이 상자에 포함되어 있을 것이라는 사람들의 일반적인 기대에 대한 아동의 이해를 필요로 한다.

1. 은유, 승원이와 스마티

봐. 얘는 은유야.
은유가 스마티 상자를 가지고 있어.
은유는 친구인 승원이를 속이려고 해.

은유가 스마티 상자에서 스마티를 꺼내 모두 먹었어. 그리고 스마티 상자에 연필을 넣었어.

승원이가 오고 있어.
은유가 승원이에게 "승원아, 스마티 먹고 싶니?"라고 물었어.

승원이는 상자 안에 뭐가 있다고 생각할까?

스마티 상자 안에는 실제로 뭐가 있어?

잘 기억해. 스마티 상자를 승원이가 보았어. 승원이는 상자 안에 스마티가 있다고
생각할 것이야.

승원이는 은유가 스마티 상자 안에 연필을 넣는 것을 못 봤어. 그래서 승원이는 스
마티 상자 안에 연필이 있다는 것을 몰라.

> 상자 속 물건이 바뀌었다는 것을 모른다면,
> 사람들은 원래 있는 것이 들어 있을 것으로 생각한다.

2. 규민, 지온이와 달걀

봐. 규민이가 달걀 상자를 가지고 있어.
규민이는 친구인 지온이를 속이려고 해.

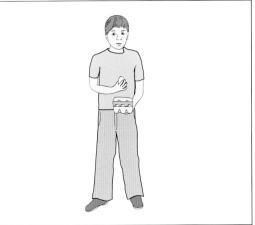

규민이가 달걀 상자의 달걀을 모두 꺼냈어.
그리고 달걀 상자에 거미를 넣었어.

지온이가 달걀을 가지러 오고 있어.
규민이가 "여기 있어!"라고 말했어.

지온이는 달걀 상자 안에 뭐가 있다고 생각할까?

달걀 상자 안에는 실제로 뭐가 있어?

잘 기억해. 달걀 상자를 지온이가 보았어. 지온이는 달걀 상자 안에 달걀이 있다고 생각할 것이야.

지온이는 규민이가 달걀 상자 안에 거미를 넣는 것을 못 봤어. 그래서 지온이는 달걀 상자 안에 거미가 있다는 것을 몰라.

상자 속 물건이 바뀌었다는 것을 모른다면,
사람들은 원래 있는 것이 들어 있을 것으로 생각한다.

101

3. 혜원, 재희와 과자

봐. 얘는 재희야.
재희가 과자 봉지를 가지고 있어.
재희는 친구 혜원이를 속이려고 해.

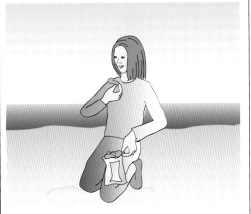

재희가 과자를 모두 먹었어.
그리고 과자 봉지에 자갈을 넣었어.

혜원이가 오고 있어. 재희가 혜원이에게
"혜원아, 너 이 과자 먹고 싶니?"라고
물었어.

혜원이는 과자 봉지 안에 뭐가 있다고 생각할까?

과자 봉지 안에는 실제로 뭐가 있어?

잘 기억해. 과자 봉지를 혜원이가 보았어. 혜원이는 과자 봉지 안에 과자가 있다고 생각할 것이야.

혜원이는 재희가 과자 봉지 안에 자갈을 넣는 것을 못 봤어. 그래서 혜원이는 과자 봉지 안에 자갈이 있다는 것을 몰라.

> 상자 속 물건이 바뀌었다는 것을 모른다면,
> 사람들은 원래 있는 것이 들어 있을 것으로 생각한다.

4. 수현, 정원이와 크레파스

봐. 얘는 수현이야.
수현이가 크레파스 상자를 가지고 있어.
수현이는 친구 정원이를 속이려고 해.

수현이가 크레파스 상자에 있는 크레파스를
모두 꺼냈어. 그리고 크레파스 상자에
클립을 넣었어.

정원이가 크레파스를 가지러 오고 있어.
수현이가 "여기 있어!"라고 말했어.

정원이는 크레파스 상자 안에 뭐가 있다고 생각할까?

크레파스 상자 안에는 실제로 뭐가 있어?

잘 기억해. 크레파스 상자를 정원이가 보았어. 정원이는 크레파스 상자 안에 크레파스가 있다고 생각할 것이야.

정원이는 수현이가 크레파스 상자 안에 클립을 넣는 것을 못 봤어. 그래서 정원이는 크레파스 상자 안에 클립이 있다는 것을 몰라.

> 상자 속 물건이 바뀌었다는 것을 모른다면,
> 사람들은 원래 있는 것이 들어 있을 것으로 생각한다.

5. 지성, 호준이와 반창고

봐. 얘는 호준이야. 호준이가 친구 지성이를 속이려고 해.

호준이가 반창고 상자의 반창고를 모두 꺼냈어. 그리고 반창고 상자에 장난감 뱀을 넣었어.

지성이가 반창고를 가지러 오고 있어. 호준이가 "여기 있어!"라고 말했어.

지성이는 반창고 상자 안에 뭐가 있다고 생각할까?

반창고 상자 안에는 실제로 뭐가 있어?

잘 기억해. 반창고 상자를 지성이가 보았어. 지성이는 반창고 상자 안에 반창고가 있다고 생각할 것이야.

지성이는 호준이가 반창고 상자 안에 장난감 뱀을 넣는 것을 못 봤어. 그래서 지성이는 반창고 상자 안에 장난감 뱀이 있다는 것을 몰라.

> 상자 속 물건이 바뀌었다는 것을 모른다면,
> 사람들은 원래 있는 것이 들어 있을 것으로 생각한다.

6. 민성, 석규와 우유 통

봐. 얘는 민성이야.
민성이가 우유 통을 가지고 있어.
민성이는 친구 석규를 속이려고 해.

민성이가 우유 통에 있는 우유를 모두
버렸어. 그리고 우유 통에 물을 넣었어.

석규가 오고 있어.
민성이가 "우유 마실래?"라고 물었어.

석규는 우유 통 안에 뭐가 있다고 생각할까?

우유 통 안에는 실제로 뭐가 있어?

잘 기억해. 우유 통을 석규가 보았어. 석규는 우유 통 안에 우유가 있다고 생각할 것이야.

석규는 민성이가 우유 통 안에 물을 넣는 것을 못 봤어. 그래서 석규는 우유 통 안에 물이 있다는 것을 몰라.

> 상자 속 물건이 바뀌었다는 것을 모른다면,
> 사람들은 원래 있는 것이 들어 있을 것으로 생각한다.

7. 주이, 대호와 초콜릿 바

봐. 얘는 주이야.
주이가 초콜릿 바를 가지고 있어.
주이는 친구 대호를 속이려고 해.

주이가 초콜릿을 모두 먹었어.
그리고 초콜릿 포장지 안에 나무 조각을
넣고 포장했어.

대호가 오고 있어.
주이가 "초콜릿 좀 먹을래?"라고 말했어.

대호는 초콜릿 포장지 안에 뭐가 있다고 생각할까?

초콜릿 포장지 안에는 실제로 뭐가 있어?

잘 기억해. 초콜릿 포장지를 대호가 보았어. 대호는 초콜릿 포장지 안에 초콜릿이 있다고 생각할 것이야.

대호는 주이가 초콜릿 포장지 안에 나무 조각을 넣는 것을 못 봤어. 그래서 대호는 초콜릿 포장지 안에 나무 조각이 있다는 것을 몰라.

> 상자 속 물건이 바뀌었다는 것을 모른다면,
> 사람들은 원래 있는 것이 들어 있을 것으로 생각한다.

111

8. 지원, 서현이와 젤리

봐. 얘는 서현이야.
서현이가 젤리 봉지를 가지고 있어.
서현이는 친구 지원이를 속이려고 해.

서현이가 젤리를 모두 먹었어.
그리고 젤리 봉지에 건포도를 넣었어.

지원이가 오고 있어.
서현이가 "젤리 좀 먹을래?"라고 물었어.

지원이는 젤리 봉지 안에 뭐가 있다고 생각할까?

젤리 봉지 안에는 실제로 뭐가 있어?

잘 기억해. 젤리 봉지를 지원이가 보았어. 지원이는 젤리 봉지에 젤리가 있다고 생각할 것이야.

지원이는 서현이가 젤리 봉지 안에 건포도를 넣는 것을 못 봤어. 그래서 지원이는 젤리 봉지 안에 건포도가 있다는 것을 몰라.

> 상자 속 물건이 바뀌었다는 것을 모른다면,
> 사람들은 원래 있는 것이 들어 있을 것으로 생각한다.

9. 유준, 서진이와 빵 상자

봐. 얘는 유준이야.
유준이가 빵 상자 옆에 있어.
유준이는 친구인 서진이를 속이려고 해.

유준이가 빵 상자의 빵을 모두 꺼냈어.
그리고 빵 상자에 사과를 넣었어.

서진이가 빵을 가지러 오고 있어.
유준이가 "여기 있어!"라고 말했어.

서진이는 빵 상자 안에 뭐가 있다고 생각할까?

빵 상자 안에는 실제로 뭐가 있어?

잘 기억해. 빵 상자를 서진이가 보았어. 서진이는 빵 상자에 빵이 있다고 생각할 것이야.

서진이는 유준이가 빵 상자 안에 사과를 넣는 것을 못 봤어. 그래서 서진이는 빵 상자 안에 사과가 있다는 것을 몰라.

> 상자 속 물건이 바뀌었다는 것을 모른다면,
> 사람들은 원래 있는 것이 들어 있을 것으로 생각한다.

10. 은찬, 진영이와 퍼즐

봐. 얘는 은찬이야.
은찬이가 퍼즐을 가지고 있어.
은찬이는 친구 진영이를 속이려고 해.

은찬이가 퍼즐 상자의 퍼즐 조각을 모두
꺼냈어. 그리고 퍼즐 상자에 끈을 넣었어.

진영이가 퍼즐을 가지러 오고 있어.
은찬이가 "여기 있어!"라고 말했어.

진영이는 퍼즐 상자 안에 뭐가 있다고 생각할까?

퍼즐 상자 안에는 실제로 뭐가 있어?

잘 기억해. 퍼즐 상자를 진영이가 보았어. 진영이는 퍼즐 상자 안에 퍼즐 조각이 있다고 생각할 것이야.

진영이는 은찬이가 퍼즐 상자 안에 끈을 넣는 것을 못 봤어. 그래서 진영이는 퍼즐 상자 안에 끈이 있다는 것을 몰라.

> 상자 속 물건이 바뀌었다는 것을 모른다면,
> 사람들은 원래 있는 것이 들어 있을 것으로 생각한다.

내포된 믿음

수준 6은 내포된 믿음(제2주인공의 틀린 믿음에 대한 제1주인공의 믿음)에 근거하여 제1주인공의 행동을 예측하고, 또 제2주인공의 행동을 제2주인공의 믿음과 연결할 수 있도록 아동에게 질문하는 것이다. 예를 들어, 나는 철수의 코트가 옷장에 걸려 있다고 생각한다(왜냐하면 내가 거기에 두었기 때문에). 나는 또한 철수는 자신의 코트가 의자 뒤에 있을 것이라고 잘못 믿고 있다는 것을 알고 있다(왜냐하면 철수가 자신의 코트를 거기에 두었기 때문에). 따라서 나는 철수가 자기 코트를 가지러 의자로 갈 것이라고 예측하는 것이다. 수준 6은 사람은 다른 사람의 생각에 대한 믿음을 가질 수 있다는 것을 아동이 이해할 수 있도록 고무한다.

수준 6의 시나리오는 수준 5에서 사용되었던 과제를 확장/수정하였으며, 수준 5의 과제와 같이 두 가지 버전이 있다.

수준 6A : 예상치 못한 위치 이동 과제—아동에게 x가 물건을 찾기 위해 어디로 갈 것인지를 예측해보도록 요구한다. 이 경우에 x의 행동은 물건의 위치에 대한 x의 틀린 믿음에 대한 y의 믿음과 관련된다.

수준 6B : 예상치 못한 내용물 과제—이 과제에서는 아동에게 이야기 주인공의 지식에 기초하여 주인공의 행동을 예측해보도록 요구한다. 이 수준은 상자 앞면에 적힌 것이 상자에 포함되어 있을 것이라는(예를 들어, 스마티 상자에는 스마티가 들어 있을 것이다) 사람들의 일반적인 기대에 대한 아동의 이해를 필요로 한다. 아동에게 내용물에 대한 y의 지식에 대해 x가 틀린 믿음을 가지고 있을 때, x는 y가 상자에 뭐가 들어 있다고 말할 것이라고 생각할 것인지를 예측해보도록 요구한다.

수준 6A : 내포된 믿음 – 예상치 못한 위치 이동 과제

아동에게 이야기 속 제2주인공의 지식에 대한 제1주인공의 틀린 믿음에 기초하여 제1주인공의 행동을 예측해보도록 질문한다.

1. 해영, 도준이와 줄넘기

봐. 해영이와 도준이가 있어.
도준이가 줄넘기를 가지고 있어.
도준이는 줄넘기를 탁자 위에 두었어.

도준이가 공원에 놀러 나갔어.
해영이가 탁자 위에 있는 줄넘기를
가져와 찬장 안에 넣었어.

봐! 창문 너머로 해영이가 무엇을 하고
있는지 도준이가 볼 수 있었어.

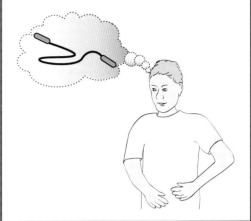

도준이가 줄넘기를 가지러 오고 있어.

해영이는 도준이가 줄넘기를 가지러 어디로 갈 것이라고 생각할까?

잘 기억해. 해영이는 자신이 찬장에 줄넘기를 넣는 것을 도준이가 보았다는 것을 몰
라. 그래서 해영이는 도준이가 줄넘기를 가지러 탁자로 갈 것이라고 생각할 것이야.

도준이는 줄넘기를 가지러 어디로 갈까?

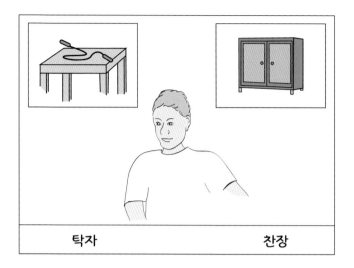

탁자   찬장

잘 기억해. 도준이는 해영이가 줄넘기를 찬장 안에 넣는 것을 보았어. 그래서 도준이는 줄넘기를 가지러 찬장으로 갈 것이야.

처음에 도준이가 줄넘기를 어디에 두었는지 기억할 수 있겠니?

물건을 보고 있으면 물건이 다른 곳으로 옮겨진 것을 알 수 있다.

2. 동우, 유리와 분필

봐. 여기에 동우와 유리가 있어.
유리가 분필을 가지고 있어.
유리가 분필을 책상 서랍에 두었어.

유리가 신문을 가지러 나갔어.
동우가 책상 서랍에 있는 분필을 꺼내서
자기 코트주머니에 넣었어.

봐! 창문 너머로 동우가 무엇을 하는지
유리가 볼 수 있었어.

유리가 분필을 가지러 오고 있어.

동우는 유리가 분필을 가지러 어디로 갈 것이라고 생각할까?

잘 기억해. 동우는 자기가 코트주머니에 분필을 넣는 것을 유리가 보았다는 것을 몰라. 그래서 동우는 유리가 분필을 가지러 책상 서랍으로 갈 것이라고 생각할 것이야.

유리는 분필을 가지러 어디로 갈까?

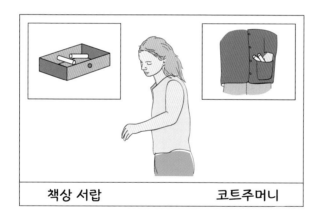

책상 서랍   코트주머니

잘 기억해. 유리는 동우가 분필을 코트주머니에 넣는 것을 보았어. 그래서 유리는 분필을 가지러 동우의 코트주머니를 뒤질 거야.

처음에 유리가 분필을 어디에 두었는지 기억할 수 있겠니?

물건을 보고 있으면 물건이 다른 곳으로 옮겨진 것을 알 수 있다.

3. 수영, 윤아와 종

봐. 수영이와 윤아가 있어.
수영이가 점심시간에 종을 울리러 갈 거야.
수영이는 종을 바닥에 두었어.

수영이가 코트를 가지러 나갔어.
윤아가 바닥에 있는 종을 가져와
자기 코트 밑에 숨겼어.

봐! 창문 너머로 윤아가 무엇을 하고
있는지 수영이가 볼 수 있었어.

수영이가 종을 가지러 오고 있어.

윤아는 수영이가 종을 가지러 어디로 갈 것이라고 생각할까?

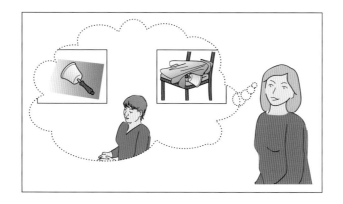

잘 기억해. 윤아는 자신이 코트 밑에 종을 놓는 것을 수영이가 보았다는 것을 몰라. 그래서 윤아는 수영이가 종을 가지러 바닥으로 갈 것이라고 생각할 거야.

수영이는 종을 가지러 어디로 갈까?

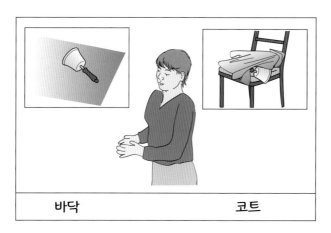

| 바닥 | 코트 |

잘 기억해. 수영이는 윤아가 종을 코트 밑에 넣는 것을 보았어. 그래서 수영이는 종을 가지러 코트 쪽으로 갈 것이야.

처음에 수영이가 종을 어디에 두었는지 기억할 수 있겠니?

물건을 보고 있으면 물건이 다른 곳으로 옮겨진 것을 알 수 있다.

4. 현중, 재경이와 숙제

봐. 여기에 현중이와 재경이가 있어.
현중이가 숙제를 가지고 있어.
현중이는 숙제를 파일에 넣었어.

현중이가 자전거를 가지러 나갔어.
재경이가 파일에 있는 숙제를 꺼내서
자기 배낭에 넣었어.

봐! 창문 너머로 재경이가 무엇을 하는지
현중이가 볼 수 있었어.

현중이가 숙제를 가지러 오고 있어.

재경이는 현중이가 숙제를 가지러 어디로 갈 것이라고 생각할까?

잘 기억해. 재경이는 자기가 배낭에 숙제를 넣는 것을 현중이가 보았다는 것을 몰라. 그래서 재경이는 현중이가 숙제를 가지러 파일로 갈 것이라고 생각할 것이야.

현중이는 숙제를 가지러 어디로 갈까?

잘 기억해. 현중이는 재경이가 숙제를 배낭에 넣는 것을 보았어. 그래서 현중이는 숙제를 가지러 배낭으로 갈 것이야.

처음에 현중이가 숙제를 어디에 두었는지 기억할 수 있겠니?

물건을 보고 있으면 물건이 다른 곳으로 옮겨진 것을 알 수 있다.

5. 은성, 가은이와 공

봐. 여기에 은성이와 가은이가 있어.
가은이가 공을 가지고 있어.
가은이는 공을 잔디밭에 두었어.

가은이가 장갑을 가지러 갔어.
은성이가 공을 덤불 속으로 찼어.

봐! 창문 너머로 은성이가 무엇을 하는지
가은이가 볼 수 있었어.

가은이가 공을 가지러 오고 있어.

은성이는 가은이가 공을 가지러 어디로 갈 것이라고 생각할까?

잘 기억해. 은성이는 자신이 덤불 속으로 공을 찼다는 것을 가은이가 보았다는 것을 몰라. 그래서 은성이는 가은이가 공을 가지러 잔디밭으로 갈 것이라고 생각할 것이야.

가은이는 공을 가지러 어디로 갈까?

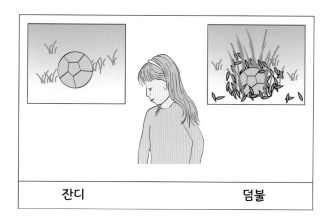

잔디　　　　　　　　　덤불

잘 기억해. 가은이는 은성이가 공을 덤불 속으로 차는 것을 보았어. 그래서 가은이는 공을 가지러 덤불 속으로 갈 것이야.

처음에 가은이가 공을 어디에 두었는지 기억할 수 있겠니?

> **물건을 보고 있으면 물건이 다른 곳으로 옮겨진 것을 알 수 있다.**

수준 6B : 내포된 믿음 – 예상치 못한 내용물 과제

아동에게 다른 사람의 지식에 대한 또 다른 사람의 틀린 믿음에 기초하여 그 행동을 (주인공이 뭐라고 말할 것인지를) 예측해보도록 요구한다.

1. 은유, 승원이와 스마티

봐. 얘는 은유야. 은유가 스마티 상자를 가지고 있어. 은유는 친구 승원이를 속이려고 해.

은유가 스마티 상자에서 스마티를 꺼내 모두 먹었어. 그리고 스마티 상자에 연필을 넣었어.

그런데, 봐! 승원이가 은유를 보고 있었어. 승원이는 은유가 스마티 상자에 연필을 넣는 것을 보았어.

승원이가 왔어.
은유가 "승원아, 이 스마티 상자에 무엇이 있다고 생각해?"라고 물었어.

은유는 승원이가 상자 안에 무엇이 있다고 말할 것으로 생각할까?

잘 기억해. 은유는 자신이 스마티 상자에 연필을 넣는 것을 승원이가 보았다는 것을 몰라. 그래서 은유는 승원이가 상자 안에 스마티가 있다고 말할 것이라고 생각할 것이야.

승원이는 상자 안에 무엇이 있다고 말할까?

잘 기억해. 승원이는 은유가 스마티 상자에 연필을 넣는 것을 보았어. 그래서 승원이는 연필이 있다고 말할 것이야.

> **물건을 보고 있으면 물건이 바뀌었다는 것을 안다.**

2. 규민, 지온이와 달걀

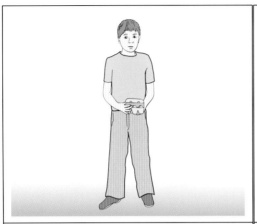

봐. 얘는 규민이야.
규민이가 달걀 상자를 가지고 있어.
규민이는 친구 지온이를 속이려고 해.

규민이가 달걀 상자에서 달걀을 모두
꺼냈어. 그리고 달걀 상자에 거미를
넣었어.

그런데, 봐! 지온이가 규민이를 보고 있었어.
지온이는 규민이가 달걀 상자에 거미를
넣는 것을 보았어.

지온이가 왔어. 규민이가 "지온아,
이 달걀 상자에 무엇이 있다고 생각해?"
라고 물었어.

규민이는 지온이가 상자 안에 무엇이 있다고 말할 것으로 생각할까?

잘 기억해. 규민이는 자신이 달걀 상자에 거미를 넣는 것을 지온이가 보았다는 것을 몰라. 그래서 규민이는 지온이가 달걀 상자 안에 달걀이 있다고 말할 것이라고 생각할 것이야.

지온이는 상자 안에 무엇이 있다고 말할까?

잘 기억해. 지온이는 규민이가 달걀 상자에 거미를 넣는 것을 보았어. 그래서 지온이는 거미가 있다고 말할 것이야.

물건을 보고 있으면 물건이 바뀌었다는 것을 안다.

3. 수현, 정원이와 크레파스

봐. 얘는 수현이야.
수현이가 크레파스 상자를 가지고 있어.
수현이는 친구 정원이를 속이려고 해.

수현이가 크레파스 상자에서 크레파스를
모두 꺼냈어. 그리고 크레파스 상자에
클립을 넣었어.

그런데, 봐! 정원이가 수현이를 보고 있었어.
정원이는 수현이가 크레파스 상자에
클립을 넣는 것을 보았어.

정원이가 왔어. 수현이가 "정원아, 이
크레파스 상자에 무엇이 있다고 생각해?"
라고 물었어.

수현이는 정원이가 상자 안에 무엇이 있다고 말할 것으로 생각할까?

잘 기억해. 수현이는 자신이 크레파스 상자에 클립을 넣는 것을 정원이가 보았다는 것을 몰라. 그래서 수현이는 정원이가 크레파스 상자 안에 크레파스가 있다고 말할 것이라고 생각할 것이야.

정원이는 상자 안에 무엇이 있다고 말할까?

잘 기억해. 정원이는 수현이가 크레파스 상자에 클립을 넣는 것을 보았어. 그래서 정원이는 클립이 있다고 말할 것이야.

물건을 보고 있으면 물건이 바뀌었다는 것을 안다.

4. 호준, 지성이와 반창고

봐. 얘는 호준이야. 호준이가 반창고
상자를 가지고 있어.
호준이는 친구 지성이를 속이려고 해.

호준이는 반창고 상자에서 반창고를 모두
꺼냈어. 그리고 반창고 상자에 장난감
뱀을 넣었어.

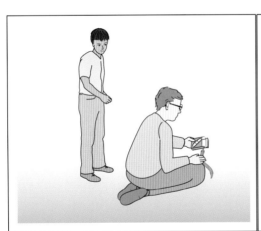

그런데, 봐! 지성이가 호준이를 보고 있었어.
지성이는 호준이가 반창고 상자에
장난감 뱀을 넣는 것을 보았어.

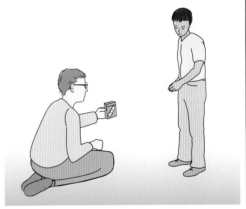

지성이가 왔어. 호준이가 "지성아, 이
반창고 상자에 무엇이 있다고 생각해?"
라고 물었어.

호준이는 지성이가 상자 안에 무엇이 있다고 말할 것으로 생각할까?

잘 기억해. 호준이는 자신이 반창고 상자에 장난감 뱀을 넣는 것을 지성이가 보았다
는 것을 몰라. 그래서 호준이는 지성이가 반창고 상자 안에 반창고가 있다고 말할
것이라고 생각할 것이야.

지성이는 상자 안에 무엇이 있다고 말할까?

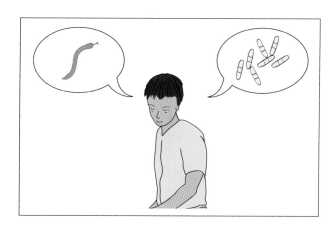

잘 기억해. 지성이는 호준이가 반창고 상자에 장난감 뱀을 넣는 것을 보았어. 그래
서 지성이는 장난감 뱀이 있다고 말할 것이야.

물건을 보고 있으면 물건이 바뀌었다는 것을 안다.

5. 은찬, 진영이와 퍼즐

봐. 얘는 은찬이야.
은찬이가 퍼즐을 가지고 있어.
은찬이는 친구 진영이를 속이려고 해.

은찬이가 퍼즐 상자에서 퍼즐 조각을
모두 꺼냈어. 그리고 퍼즐 상자에 끈을
넣었어.

그런데, 봐! 진영이가 은찬이를 보고 있었어.
진영이는 은찬이가 퍼즐 상자에 끈을
넣는 것을 보았어.

진영이가 왔어. 은찬이가 "진영아,
이 퍼즐 상자에 무엇이 있다고 생각해?"
라고 물었어.

은찬이는 진영이가 상자 안에 무엇이 있다고 말할 것으로 생각할까?

잘 기억해. 은찬이는 자신이 퍼즐 상자에 끈을 넣는 것을 진영이가 보았다는 것을 몰라. 그래서 은찬이는 진영이가 퍼즐 상자 안에 퍼즐 조각이 있다고 말할 것이라고 생각할 것이야.

진영이는 상자 안에 무엇이 있다고 말할까?

잘 기억해. 진영이는 은찬이가 퍼즐 상자에 끈을 넣는 것을 보았어. 그래서 진영이는 끈이 있다고 말할 것이야.

물건을 보고 있으면 물건이 바뀌었다는 것을 안다.

139

자폐스펙트럼상태(ASC) 아동과 성인에게 마음이론(ToM)을 가르친 선행 연구 개요

저자	연령과 언어정신 연령(VMA)	마음이론(ToM) 과제	교육시간	사전 & 사후 과제	주요 결과
Ozonoff & Miller(1995)	(1) 교육집단(ASC 아동): 5명 연령: 13:5~14:0 (평균: 13:8) 언어성IQ: 74~99 (평균: 88) (2) 정상발달 아동: 4명 연령: 11:3~16:2 (평균: 13:6) 언어성IQ: 66~104 (평균: 94)	(1) 보아야 안다: 일차, 이차, 삼차 ToM 일반적 원리 사용이 포 함된 교육임 (2) 사회적 기술 훈련: 표 정 읽기, 게임과 파티를 포함하는 상호작용/대화 기술에 초점을 맞춘 역 할놀이와 비디오테이프	14×90분 세션 추후 검사 없음	(1) 일차, 이차, 삼 차 ToM 과제 (2) 부모와 교사의 사회적 기술 평정 체계 보고	(1) 사전과 비교해 사후에 아동 4/5가 더 많이 ToM 통과(대조 집단의 1/4과 비교) (2) 부모와 교사가 보고한 사회적 기술 평정은 사전 사후에 변화가 없었음
Hadwin, Baron- Cohen, Howlin & Hill(1996, 1997)	ASC 아동: 30명 (3개 교육집단) 연령: 4:4~13:7 (평균: 9:2) VMA: 3:03~9:0 (평균: 5:2)	(1) 놀이집단: 장난감 세 트를 사용하여 감각운동 놀이부터 가장놀이까지 5단계의 놀이를 촉진함 (2) 정서집단: 얼굴인식 부터 믿음에 기초한 정 서까지 5단계의 사진에 기초한 교육 (3) 믿음집단: 조망 수용 부터 틀린 믿음까지 5단 계의 사진과 인형 기반 의 교육. 아동의 답에 대 한 피드백과 일반적 원 리를 제시하여 교육	8×30분 세션 2개월 후 추후 검사	(1) 믿음, 정서, 가 장놀이 (2) 대화 능력과 이야기책 과제에 서 마음상태 용어 의 자발적 사용	(1) 모든 아동들이 정서와 믿음 교육 단계에서 학습 이 가능하여, 진전을 보였 음. 자발적 가장놀이는 교 육을 통해 유의미하게 증 진되지 않았음. 교육은 배 우지 않은 (유사한) 과제 에 일반화되었고, 2개월 동안 유지됨 (2) 새로운 과제나 대화 능 력, 그리고 마음상태 용어 사용의 발달에서는 학습 의 증거가 없음
Starr & Baine(1996)	ASC 아동: 5명 연령: 9:4~12:1 (평균: 10:7) VMA: 3:5~4:7 (평균: 4:42)	(1) 크기와 색깔 A-R과 제. 교육은 A-R과제를 모델링하는 것(단계 1)에 서부터 아동이 외형 변 화를 유도하는 것(단계 4)까지 4단계에서 피드 백과 함께 직접 교수하 는 것을 포함함	10×15분 세션 매일 세션임 추후 검사 없음	(1) 크기와 색깔 A-R과제 (2) 배우지 않은 크기와 색깔 A-R 과제	아동 3/5이 크기와 색깔 A-R과제를 학습할 수 있 었고, 배우지 않은 과제 통과는 약간 나타났음

Teaching Children with Autism to Mind-Read: The Workbook, First Edition.
Julie A. Hadwin, Patricia Howlin and Simon Baron-Cohen.
© 2015 John Wiley & Sons, Ltd. Published 2015 by John Wiley & Sons, Ltd.

저자	연령과 언어정신연령(VMA)	마음이론(ToM)과제	교육시간	사전 & 사후과제	주요 결과
Swettenham (1996)	8명씩 3집단의 아동 (1) ASC 아동 연령: 5:6~15:10 (평균: 10:9) VMA: 3:1~4:2 (평균: 3:8) (2) 다운증후군 아동 연령: 5:9~15:6 (평균: 11:9) VMA: 3:3~4:1 (평균: 3:9) (3) 정상발달 아동 연령: 3:3~3:8 (평균: 3:5) VMA: 3:3~4:1 (평균: 3:7)	(1) 컴퓨터로 제시되는 틀린 믿음 과제로 언어적(컴퓨터로 제시) 보상과 피드백 제공	2×4 세션 3개월 후 추후 검사	(1) 사실 믿음과 틀린 믿음 컴퓨터 과제, 인형과 그림 기반의 틀린 믿음 과제, 속이는 내용물 과제	(1) 모든 아동들이 학습하였음. 사후 및 추후 검사에서 모두 배운 것과 유사한 과제를 통과할 수 있었음 (2) 정상발달 아동과 다운증후군 아동은 학습한 지식을 사용하여 새로운 과제를 통과할 수 있었음. 그러나 자폐 아동은 모두 이러한 기술을 보여주지 못함
Swettenham, Baron-Cohen, Gomez, & Walsh(1996)	ASC 아동 8명 연령: 8:9~14:4 (평균: 11:6) VMA: 5:0~6:0 (평균: 6:0)	(1) 4단계로 ToM을 가르치기 위해 머릿속 사진 유추를 사용: 세상을 머릿속에 있는 그림으로 나타낼 수 있음을 이해하도록 하고, 머릿속 그림을 사용하여 틀린 믿음과 같은 마음상태와 행동을 예측할 수 있음을 알도록 함	5×60분 세션 추후 검사 없음	(1) 보아야 안다. 틀린 믿음, 속이는 내용물, A-R과제	(1) 8명의 아동들은 머릿속에 있는 사진이 마음상태를 나타냄을 학습했고 7/8은 행동을 예측하기 위해 머릿속 사진을 사용할 수 있었음 (2) 배우지 않은 과제(7명 아동이 사후 틀린 믿음 과제를 통과할 수 있었음)와 새로운 과제(6명 아동이 '보아야 안다' 과제를 통과)에 대한 일반화의 일부 증거가 있었음. 3명이 속이는 내용물 과제를 통과함. A-R과제를 통과한 아동은 없음

저자	연령과 언어정신 연령(VMA)	마음이론(ToM) 과제	교육시간	사전 & 사후 과제	주요 결과
Bowler & Strom(1998)	(1) 교육집단 ① ASC 아동(9명) 평균연령: 10:6 VMA평균: 5:9 ② 학습장애 아동(8명) 평균연령: 10:9 VMA평균: 5:7 ③ 정상발달 나이 든 아동(15명) 평균연령: 3:10 ④ 정상발달 어린 아동 (15명) 평균연령: 3:3 (2) 대조집단 ① ASC 아동(8명) 평균연령: 10:6 VMA평균: 5:9 ② 학습장애 아동(8명) 평균연령: 10:9 VMA평균: 5:7 ③ 나이 든 정상발달 아동(15명) 평균연령: 3:10 ④ 어린 정상발달 아동 (15명) 평균연령: 3:3	ToM 틀린 믿음 과제 의 수행을 촉진하기 위해 추가적(행동, 얼 굴 표정, 자신의 틀린 믿음) 단서를 사용함 실험집단에서만 단서 사용, 대조집단에서는 단서 없음	틀린 믿음 이 야기가 네 번 연속적으로 반복되는 1회 세션	(1) 교육집단은 단서와 함께 또 는 단서 없이 타인의 틀린 믿 음에 관한 질문 을 받음 (2) 대조집단은 자기 믿음 과제 뿐만 아니라 표 준 과제 3회 받 음	(1) ASC 아동 8/9은 행동 및 정서 단서와 함께 틀린 믿음 과제를 통과할 수 있 었음(단서가 없는 조건의 대조집단 ASC 아동은 3/8 만 통과). 나이 든 정상 발 달 아동의 경우 단서 조건 과 단서 없는 조건에서의 과제 통과 비율은 5/15와 0/10임 (2) 어린 정상 아동과 학습 장애 아동은 단서로 인해 수행이 향상되지 않았음
McGregor, Whiten, Blackburn (1998).	ASC 성인 5명 연령: 22~39 (평균: 28:7) VMA: 4:3~4:9 (평균: 4:7) ASC 아동 5명 연령: 9~17 (평균: 13:11) VMA: 3:0~5:0 (평균: 4:0)	머릿속 그림 유추의 전이 (1) 머릿속 그림을 보 여주는 인형과 비디 오를 사용한 '보아야 안다' 과제와 틀린 믿 음 과제	최대 3시간 추후 검사 없음	(1) 3개의 틀린 믿음 비디오 과제	미미한 변화가 있었음. 7/10(성인 3명, 아동 4명) 과 4/10(성인 2명, 아동 2 명)가 배우지 않은 사후 검 사 과제에서 각각 2개와 3 개를 통과함 반면, 사전검사에서 1/2을 통과한 경우는 5/10(성인 3 명, 아동 2명)였음

저자	연령과 언어정신 연령(VMA)	마음이론(ToM) 과제	교육시간	사전 & 사후 과제	주요 결과
McGregor, Whiten, Blackburn (1998) 마음이론 가르치기	(1) ASC 성인 8명과 아동 8명을 교육집단과 대조집단으로 분리 ① 교육집단: 8명 연령: 8:6~28 (평균: 17:9) VMA: 3:0~5:9 (평균: 4:3) ② 대조집단: 8명 연령: 14:0~39:0 (평균: 21:8) VMA: 3:0~4:9 (평균: 3:11) (2) 정상발달 아동 32명을 실험집단과 대조집단으로 분리 ① 실험집단: 16명 연령: 3:0~3:8 (평균: 3:3) VMA: 3:0~5:6 (평균: 3:9) ② 대조집단: 16명 연령: 2:11~3:9 (평균: 3:4) VMA: 3:0~5:3 (평균: 3:6)	마음이론 가르치기 실험집단과 통제집단 모두 이야기 시리즈를 들음. 대조집단에 제시된 이야기는 틀린 믿음의 요소를 가지지 않음	개입은 세 파트에서, 두 가지 이야기를 4, 6, 4번 반복하여 각각 주어짐. 1~3파트는 의도를 강조하였고 머릿속 사진 유추를 활용하였으며, 각각 8에서 28에 이르는 교육용 이야기/파트의 사진과 의도를 모두 사용함	(1) 위치 이동 틀린 믿음(타인의-인형과 실제 인물의-자신) (2) 속이는 내용물 과제와 A-R 과제	(1) 대조집단과 비교해 ASC 성인 및 아동의 교육집단은 사후 검사에서 5/6가 그리고 정상발달 아동의 교육집단은 6/6이 수행이 더 나아졌음 (2) ASC 성인과 아동 모두 사후 검사에서 자기 틀린 믿음 검사를 통과할 수 있었음 (3) 정상발달 아동 교육을 통해 실제 생활 틀린 믿음 과제에서 통과할 수 있었음
Ghim, Lee & Park(2001)	보고된 세 연구는 (1) ASC 아동(13명) 연령: 4:9~18:4 VMA: 4:9~9:1(평균: 7:0) (2) 정상발달 아동 연령: 4:7~5:6(평균: 5:5) VMA: 4:9~6:9(평균: 5:9) (3) 학습장애 아동 연령: 5:5~19:1 (평균: 10:3). (ToM 학습에 참여한 아동은 ASC 16명, 학습장애 11명, 정상발달 7명임) VMA: 3:3~8:9(평균: 5:3) (ASC 아동 16명, 학습장애 아동 11명, 그리고 정상발달 아동 7명은 ToM 과제 교육에 참여했음)	'보아야 안다', 옳은 믿음, 그리고 위치 이동 틀린 믿음 과제 각 한 가지 예	세 가지 이야기-대략 30분이 걸림	(1) 컴퓨터 기반의 위치 이동 틀린 믿음 과제와 예상치 못한 내용물 과제. (사전, 사후 그리고 2주 후의 추후 검사에서 상이한 버전이 사용됨)	정상발달 아동과 ASC 아동은 사후 검사와 추후 검사에서 배우지 않은 과제와 새로운 ToM 과제를 통과함. 학습장애 아동은 일부 향상을 보여줌. 그러나 향상된 정도는 다른 집단과 비교해볼 때 적었으며 추후 검사에서는 수행이 감소하였음

저자	연령과 언어정신연령(VMA)	마음이론(ToM)과제	교육시간	사전 & 사후 과제	주요 결과
Silver & Oakes (2001)	(1) 컴퓨터 훈련에 통제 시행이 무선할당됨 평균 연령: 13:11 평균 VMA: 10:8 (2) 대조집단(11명) 평균 연령: 14:9 평균 VMA: 12:0	다섯 가지 세션에서 보상과 촉진을 포함하는 컴퓨터 개입. (1) 얼굴 표정, (2) 상황에 기초한 정서, (3) 바람에 기초한 정서, (4) 믿음과 정서, (5) 좋음, 싫음, 그리고 정서. 각 세션에서 20개의 항목을 통과해야 다음 세션으로 넘어갈 수 있음	(1) 교육집단: 2~3주에 걸쳐 10회의 컴퓨터 세션(평균 8.4) (2) 대조집단: 보통의 수업 추후 검사 없음	(1) 얼굴 표정에서 정서 재인. 상황, 바람 그리고 믿음 (2) 20개의 이상한 이야기 추후 검사 없음	(1) 대조집단과 비교해 교육집단은 사전과 사후 측정(얼굴 표정을 제외하고)에서 향상을 보임 (2) 대조집단과 비교해 교육집단은 이상한 이야기 과제에서 유의미한 향상을 보임
LeBlanc, Coates, Daneshvar, Charlop-Christy, Morris & Lancaster (2003)	3명의 아동 (1) 연령(7:3), VMA(4:10) (2) 연령(7:0), VMA(6:6) (3) 연령(13:0), VMA(15:0)	성인이 모델링하는 발자국 단서가 있는 위치 이동 틀린 믿음 과제와 비디오(단서를 강조)를 통한 속이는 내용물 과제. 정답에는 음식, 칭찬스티커 같은 보상이 주어짐. 오답 시 비디오 반복 제시. 훈련 목표는 각 과제에서 세 번 연속적인 정답	교육 세션은 기준에 도달할 때까지 계속됨(거의 10회의 교육 세션을 위해 약 4~10분 소요). 추후 검사 없음	(1) 발자국 단서가 있는 숨기고 찾는 과제, 속이는 내용물과 표준적인 위치 이동 틀린 믿음 과제	(1) 아동은 교육받은 과제를 통과할 수 있었음. 세 명 중 두 명이 사후 검사에서 틀린 믿음을 통과하여 학습 일반화를 보임
Wellman, Baron-Cohen, Caswell, Carlos, Gomez, Swettenham, Toye & Lagattuta (2002)	(1) 연구 1(7명) 연령: 8~18 (평균: 11:2) VMA: 4:0~6:6 (평균: 5:5) (2) 연구 2(10명) 연령: 5~17 (평균: 11:2) VMA: 4:0~8:0 (평균: 11:2)	두 연구 모두 교육 5단계에서 생각 구름과 인형을 사용함. 생각 구름 소개하기(단계 1), 같은 장소에 계속 있는 물건에 대해 생각하기(단계 2), 위치가 바뀐 물건(단계 3), 숨겨진 물건(단계 4), 위치 이동 틀린 믿음 과제(단계 5)	최대 5회의 30분 세션. 추후 검사 없음	(1) 연구 1: 위치 이동 틀린 믿음 과제와 속이는 내용물 틀린 믿음 과제 (2) 연구 2: '보아야 안다' 과제	(1) 연구 1: 모든 아동들은 배운 것과 유사한(그러나 생각 구름은 아님) 사후 검사 과제에서 어느 정도 향상을 보임. 배우지 않은 속이는 내용물 과제에서 향상된 아동은 없었음 연구 2: 아동 7/10은 배운 것과 유사한 사후 검사 과제에서 어느 정도 향상을 보임. 아동 4/10는 배우지 않은 새로운 '보아야 안다' 과제에서 향상을 보임

저자	연령과 언어정신 연령(VMA)	마음이론(ToM) 과제	교육시간	사전 & 사후 과제	주요 결과
Fisher & Happé (2005)	(1) 훈련받지 않는 대조집단(7명) 평균 연령: 9.67 평균 VMA: 4.49 (2) ToM 교육집단(10명) 평균 연령: 10.50 평균 VMA: 5.00 (3) 실행기능(EF) 교육집단 (10명) 평균 연령: 10.68 평균 VMA: 5.35	(1) ToM 교육은 5단계를 따름: 머릿속 그림 소개하기(단계 1), 생각과 행동(단계 2), 서로 다른 생각(단계 3), 틀린 생각(단계 4), 생각과 생각하기(단계 5) (2) EF 교육은 5단계를 포함: 우리가 하는 일을 변경하기('뇌 도구' 소개, 단계 1), 뇌 도구 변경하기(단계 2), 변화와 다른 뇌 도구(단계 3), 뇌 도구 중간 과제 변경하기(단계 4), 사용할 뇌 도구 선택(단계 5)	(1) 2×25분 세션이 기준에 도달할 때까지 사용됨(최대 8일) 2달 후 추후 검사	(1) ToM 과제는 동전 숨기기 과제, 보아야 안다, 아는 것과 추측하는 것, 표정을 판단하기 위해 눈 사용, 틀린 사진 과제 (2) EF 측정하기 위해 위스콘신 카드 분류 과제와 트라이얼 과제를 사용하여 전환능력 설정 (3) 일상생활에서 아동의 ToM이나 EF 사용에 관한 교사 보고	(1) ToM 변화는 합산 점수를 사용하여 평가하였음. ToM 교육집단에서 사후 검사와 추후 검사에서의 점수는 사전 검사 점수와 유의미하게 달랐음. 교육은 수용 문법 기술이 증가한 아동에서 가장 효과적이었음. ToM 교육이 EF 점수를 향상시키지 않았음. 대조집단은 변화 없었음 (2) EF 교육은 배우지 않은 과제에서 EF 기술을 향상시키지 못함 (3) 추후 검사에서 ToM의 변화는 EF 교육집단에서 명백하게 나타남 (3) 더 나은 ToM을 가진 아동은 EF 교육에서 학습이 더 빨랐음
Feng, Lo, Tsai & Cartledge (2008)	단일 사례 연구: 연령: 11 FSIQ: 85	(1) ToM과 사회적 기술 훈련 프로그램. 교육 과제는 순차적이고 위계적이며 세 수준으로 구분됨: 바람에 기초한 정서 이해, 믿음(수준 1), 1차 틀린 믿음(수준 2), 2차 틀린 믿음(수준 3) (2) 교육 스크립트는 노트북과 역할놀이를 통해 제시되었고, 촉진, 피드백 및 보상 제공	(1) 4×매주 40분의 일대일 세션(32세션까지) (2) 작은 그룹 세팅(29세션) (3) 6개의 유지 세션 일주일 후 추후 검사	(1) 사회적 행동, 바람과 믿음에 기초한 정서 이해, 정서 조절, 1차 및 2차 틀린 믿음 (2) 교사가 평가하는 사회적 행동과 또래 상호작용 (3) 8회의 점심시간 관찰 세션	(1) 교육수준을 통하여, 아동은 ToM 과제를 통과하는 향상을 보임 (2) 훈련은 사회적 상호작용의 향상과 더 적절한 상호작용뿐 아니라 더 적절한 새로운 사회적 행동의 증가 초래

주. 연구는 연대순으로 소개했다. 일부 연구에서 비언어 정신연령(예: Raven의 CPM 점수)뿐만 아니라 언어정신연령(VMA)의 서로 다른 요소(예: 수용 문법과 어휘) 점수가 실제 연구에서는 제공되었다. 표에는 한 개의 점수만 제시하였다. VIQ는 언어적 지능 지수를 말한다. 일반화 점수는 배우지 않은 과제나(배운 과제와 개념적·구조적으로 유사한) 새로운 과제에서(배운 과제와 개념적으로 유사하지만 구조적으로 유사하지 않은) 교육의 효과를 나타낸다.

후기 ▶

지난 40여 년간의 심리학 연구는 마음이론(ToM)이 아동 발달에 중요함을 보여주었다. 이 용어는 그 의미가 충분히 확립되어 있기에 이 책에서도 이 용어를 쓰고 있지만 이 책의 이름이 시사하듯이 그 의미가 좀 더 분명한 '마음읽기(mindreading)'라는 용어도 함께 사용하였다. 마음읽기라는 용어는 텔레파시와 같은 의미를 포함할 수 있기에 좋은 용어라고는 할 수 없다. 마음읽기나 ToM은 다른 사람이 어떤 생각을 하고 느끼는지를 상상하는 등 우리가 일상적으로 하고 있는 기술을 지칭하는 상당히 일상적인 용어이다.

정상적으로 발달하는 아동은 마음읽기를 하여 다른 사람의 행동의 의미를 쉽게 파악할 수 있다. 자폐 아동은 다른 사람의 생각이나 감정을 상상하기 힘들므로 다른 사람의 행동이 혼란스럽고 예측하기 힘들며, 심지어는 불안의 근원이 되기도 한다. 우리는 이 책에서 교사, 치료자나 부모가 자폐 아동을 교육하는 데 사용될 수 있는 실용적 재료를 제시하고자 한다. 즉 '생각 구름'과 같은 재미있는 도구를 통해 자폐 아동에게 다른 사람의 마음이 보이도록 함으로써, 자폐 아동이 다른 사람의 생각과 감정을 상상할 수 있도록 아이들을 교육하는 데 사용될 수 있는 자료를 제시하고자 한다.

심리학 연구는 전형적으로 생애 초기 수년간의 ToM 또는 마음읽기의 중요성에 초점을 맞추었다. 최근에는 많은 연구들이 ToM이 아동기를 거쳐서 성인기까지 더 미

세하게 조정되며 ToM 기술의 발달은 모든 연령에서 사회 유능성의 지표가 됨을 보여주고 있다.

수많은 연구들이 자폐스펙트럼상태(ASC)인 아동은 다른 사람들이 세상에 대해 자신과는 다른 마음상태를 가지고 있으며 이 마음상태가 종종 틀리기도 하며, 마음상태가 행동과 연결된다는 사실을 이해하지 못함을 일관되게 보여주고 있다.

이 워크북은 ASC 아동이 함께 하고 있는 임상 장면이나 교실에서 일하고 있는 바쁜 전문가에게 마음상태 교육 방법에 접근하고 이를 촉진하도록 교육자료를 제공하려는 것을 목적으로 한다. 또 발달적 변화과정에 맞추어 구조화된 자료를 제공함으로써 ASC 아동과 젊은 성인이 마음상태에 대해 더 잘 이해할 수 있도록 돕는 것이 목표이다. 서로 다른 조망을 이해하고 다른 마음상태에 대해 생각하게 되는 과정을 5단계로 구조화하여 자료를 구성하였다. 이 워크북의 연습문제는 ToM 발달의 핵심 주춧돌에 초점을 맞추어서, 다른 사람의 지각과 앎, 믿음 간의 관계를 이해하고 이러한 마음이 행동에 미치는 영향을 보여주는 다양한 이야기 예를 제공하고 있다. 이 워크북에는 내포된 믿음(생각에 대한 생각, 또는 '2차 순위' ToM이라고 지칭되는 것)에 대해 생각하는 것인 여섯 번째 단계가 새로 추가되었다.

이 워크북은 이론과 인지발달 연구에서 출발한다. 또한 ASC 아동의 ToM 기술을 향상시키기 위해 수행되었던 출판된 연구에 토대를 두고 있다. ToM을 향상시키기 위해 다양한 프로그램들이 실시되었는데, 이들은 매일 실시되었지만 일반적으로는 아주 짧은 기간(1, 2주 동안)에만 진행되었다. 이러한 연구들은 다른 사람의 마음상태를 그림이나 생각 구름, 또는 사진 등 다양한 방법으로 묘사하였다. 이외에 ToM을 가르치기 위해 컴퓨터나 이야기 또는 비디오에 기반한 접근을 하거나 또는 실제 인물이 나타나서 상황을 연기하기도 하였으며, 아동이 한 오답에 대해 정답을 알려주는 피드백, 오류가 발생하지 않을 때까지 학습시키기, 모델링 등의 다양한 기법을 사용하였다.

이러한 모든 연구에서 ToM 가르치기의 가장 중요한 목표는 ASC 아동에게 사회적 상황을 제시하여 그 상황에서의 마음상태를 고려하고 마음상태가 행동과 정서경험에 어떻게 연결되는지를 생각해보도록 하는 것이었다. 어떤 연구에서는 이를 위해 단순한 과제부터 시작하여 점차 개념적으로 더 어려운 과제로 진행하였다. 이 책략을 사용하여 일부 연구들은 ASC 아동에게 ToM을 가르치는 것은 ASC 아동이 다른 사람의 마음에 대해 배우는 데 도움이 되며 또 이를 배우지 않은 새로운 과제에도 일반화할 수 있게 된다는 것을 보여주었다. 또 학습효과를 뒷받침하며, 학습을 통해 가장 많이 효과를 보는 아동과 적게 효과를 보는 아동을 구분해주는 것이 아동의 언어능력임을 일부 연구들이 보여주었다.

자폐 아동을 대상으로 ToM 가르치기를 시도한 연구들은 ASC 아동에게 ToM을 이해할 수 있도록 가르칠 수 있었지만, 이러한 결과에는 몇 가지 조건이 있었다. 첫째, ToM 가르치기의 효과가 짧은 기간의 학습 프로그램 직후에 측정된 것이다. 장기간의 학습을 시도한 연구는 거의 없다. 둘째, 짧은 기간의 개입의 효과를 시간 경과 후에 측정하려고 시도한 연구가 거의 없다. 마지막으로, 교육의 광범위한 효과는 일반적으로 이야기 기반의 자료로 측정되었다. 연구자들이 더 긴 기간의 개입 효과를 평가하고, 이러한 지필과제가 또래집단이나 가정 내에서의 행동에 영향을 미치는지, 또 개입효과가 장기간 지속되는지를 앞으로 연구해 나아가는 데 워크북이 도움이 되기를 바란다.

저자로서 우리는 이 워크북을 자폐증에서의 ToM 결함이 극복할 수 없는 것이 아님을 보여주는 예로 생각한다. 마음상태를(추상적이고 철학적인 것으로 들릴 뿐만 아니라 눈에 보이지 않는) 눈에 보이도록 만들고(생각 구름을 통해서), 원리에 기반이 되는 것으로 만듦으로써(보는 것과 아는 것, 또는 정서와 믿음 간의 연결을 분명하게 만듦으로써), 사회적 기술 교육이 표면적인 행동수준(얼굴을 보도록 지시하거나 또는 다른 사람의 개인적 공간을

침범하지 말라고 지시하는 등)에만 제한될 필요가 없으며 다른 사람의 행동 이면의 마음속에서 무엇이 일어나고 있는지를 가르칠 수 있음을 의미한다.

교사와 임상가들은 자신이 가르치고 있는 아이를 돕기 위해 우리가 이 워크북에서 제시한 예들을 다양하게 각색할 필요가 있을 것이다. 교사들은 자료를 복사하여 아이에게 색칠하라고 하거나 이야기 주인공의 이름을 아이가 잘 아는 사람의 이름으로 바꿈으로써 아이와 관련될 수 있는 내용으로 바꿀 수도 있을 것이다. 임상가, 교육자, 연구자들이 이 자료를 어떻게 창의적이고 재미있게 사용했는지에 대해 듣게 되길 바란다.

마지막으로 이러한 형식으로 몇 가지 마음상태에 대해 가르치는 것은 '공감'을 가르치기 위해 필요한 많은 노력의 일부분에 지나지 않을 것임을 인정한다. ToM은 공감의 인지적 요인으로 간주되는데 이 인지적 요인은 정서인식을 가르치는 것으로 확장될 수 있다. 또 다른 자료로 우리는 다양한 연령층의 자폐인에게 정서인식을 가르치기 위한 DVD를 제작하기도 하였다. 그중 하나는 *Mindreading* DVD인데(www.jkp.com/mindreading), 이 DVD는 자폐인이 사람의 얼굴과 목소리에서 다양한 인간 정서의 표현을 학습할 수 있도록 퀴즈, 게임, 구조화된 학습을 제공한다. 다른 DVD는 *The Transporters*(www.thetransporters.com)인데, 취학 전의 자폐 아동을 위한 것이다. 이 DVD는 어린 자폐 아동이 기계에 강하게 집착하는 특징을 활용하기 위해 움직이는 차량(기차, 전차, 트렉터, 케이블카 등)에 실제 사람의 얼굴 비디오클립을 삽입하여, 자폐 아동이 얼굴을 보는 데 관심을 가지도록 한다.

(난독증과 같은) 다른 문제를 가지고 있는 아동의 존재가 이들의 문제를 극복할 수 있는 방법에 관한 교수 자료를 개발하는 데 영향을 주었듯이, 이 워크북이 자폐 아동에게 마음읽기를 가르치기 위한 유용한 자료를 만들기 위한 광범위한 노력의 작은 한 부분이 되기를 바란다.

1. American Psychiatric Association (2000). *Diagnostic and Statistical Manual for Mental Disorders. Fourth Edition. Text Revision.*

2. Dennett, D.C. (1978). *Brainstorms. Philosophical Essays on Mind and Philosophy.* Brighton: Harvester.

3. Baron-Cohen, S. Theory of mind and autism: A fifteen year review. In S. Baron-Cohen, H. Tager-Flusberg, D.J. Cohen (Eds). *Understanding Other Minds: Perspectives from Developmental Cognitive Neuroscience* (2nd ed., pp. 3–20). New York: Oxford University Press.

4. Baron-Cohen, S., Leslie, A.M. & Frith, U. (1985). Does the autistic child have a theory of mind? *Cognition, 21*, 37–46.

5. Harris, P.L., Johnson, C.N., Hutton, D., Andrews, G.M. and Cooke, T. (1989). Young children's theory of mind and emotion. *Cognition and Emotion, 3*, 379–400.

6. Wimmer, H. & Perner, J. (1983). Beliefs about beliefs: Representation and constraining function of wrong beliefs in young children's understanding of deception. *Cognition, 13*, 103–28.

7. Perner, J. (1993) *Understanding the Representational Mind.* London: MIT Press.

8. Wellman, H.M., Cross, D. & Watson, J. (2001). Meta-analysis of theory of mind development: The truth about false belief. *Child Development, 72*, 655–84.

9. Baron-Cohen, S., Baldwin, D. & Crowson, M. (1997). Do children with autism use the Speaker's Direction of Gaze (SDG) strategy to crack the code of language? *Child Development, 68*, 48–57.

10. Saxe, R. & Baron-Cohen, S. (2006). Editorial: The neuroscience of theory of mind. *Social Neuroscience, 1*, 1–9.

11. Dunn, J.R., Brown, C., Slomkowski, C., Tesla, C. & Youngblade, L. (1991). Young children's understanding of other people's feelings and beliefs: Individual differences and their antecedents. *Child Development, 62*, 1352–66.

12. Perner, J., Ruffman, T. & Leekam, S.R. (1994). Theory of mind is contagious: You catch it from your sibs. *Child Development, 4*, 1228–38.

13. McElwain, N.L. & Volling, B.L. (2004). Attachment security and parental sensitivity during infancy: Associations with friendship quality and false belief understanding at age four. *Journal of Social and Personal Relationships, 21*, 639–67.

14. Stiller, J. & Dunbar, R. (2007). Perspective-taking and social network size in humans. *Social Networks 29*, 93–104.

15. Liddle, B. & Nettle, D. (2006). Higher-order theory of mind and social competence in school-age children. *Journal of Cultural and Evolutionary Psychology, 4*, 231–46.

16. Luckett, T., Powell, S.D., Messer, D.J., Thornton, M.E. & Schultz, J. (2002). Do children with autism who pass false belief tasks understand the mind as active interpreter? *Journal of Autism and Developmental Disorders, 32*, 127–40.

Teaching Children with Autism to Mind-Read: The Workbook. First Edition.
Julie A. Hadwin, Patricia Howlin and Simon Baron-Cohen.
© 2015 John Wiley & Sons, Ltd. Published 2015 by John Wiley & Sons, Ltd.

17. Frith, U., Happé, F. & Siddons, F. (1994). Autism and theory of mind in everyday life. *Social Development*, *3*, 108–24.

18. Plumet, M-H. & Tardiff, C. (2005). Understanding the functioning of social interaction with autistic children. In L. Anolli, S. Duncan Jr, M.S. Magnusson, & G. Riva (Eds). *The Hidden Structure of Interaction: From neurons to culture patterns*. Amsterdam: IOS Press. Available at www.emergingcommunication.com.

19. Swettenham, J. (2000). Teaching theory of mind to individuals with autism. In S. Baron-Cohen, H. Tager-Flusberg & D.J. Cohen (Eds). *Understanding Other Minds* (pp. 442–56). Oxford: Oxford University Press.

20. Castelli, F., Frith, C., Happé, F. & Frith, U. (2002). Autism, Asperger Syndrome, and brain mechanisms for the attribution of mental states to animated shapes. *Brain*, *125*, 1839–49.

21. Senju, A., Southgate, V., White, S. & Frith, U. (2009). Mindblind eyes: An absence of spontaneous theory of mind in Asperger Syndrome. *Science*, *325*, 883–5.

22. Gallagher, H.L., Happé, F., Brunswick, N. et al. (2000). Reading the theory of mind in cartoons and stories: An fMRI study of "theory of mind" in verbal and non-verbal tasks. *Neuropsychologia*, *38*, 11–21.

23. Frith, U. & Frith, C. (2003). Development and neurophysiology of mentalising. *Philosophical Transactions, Series B*, *358*, 459–73.

24. Kana, R.K., Keller, T.A., Cherkassky, V.L., Minshew, N.J. & Just, M.A. (2009). Atypical frontal-posterior synchronization of Theory of Mind regions in autism during state attribution. *Social Neuroscience*, *4*, 135–52.

25. Charman, T., Baron-Cohen, S., Swettenham, J., Baird, G., Cox, A. & Drew, A. (2000). Testing joint attention, imitation, and play as infancy precursors to language and theory of mind. *Cognitive Development*, *15*, 481–98.

26. Osterling J. & Dawson, G. (1994). Early recognition of children with autism: A study of first birthday home videotapes. *Journal of Autism and Developmental Disorders*, *17*, 247–57.

27. Mundy, P. & Gomes, A. (1998). Individual differences in joint attention skill development in the second year. *Infant Behavior and Development*, *21*, 469–82.

28. Steele, S., Joseph, R.M. & Tager-Flusberg, H. (2003). Developmental change in theory of mind abilities in children with autism. *Journal of Autism and Developmental Disorders*, *33*, 461–7.

29. Wellman, H.M. & Liu, D. (2004). Scaling of theory-of-mind tests. *Child Development*, *75*, 523–41.

30. Bartsch, K. & Wellman, H.M. (1995). *Children Talk about the Mind*. New York: Oxford University Press.

31. Flavell, J.H., Flavell, E.R., Green, F.L. & Moses, L.J. (1990). Young children's understanding of fact beliefs versus value beliefs. *Child Development*, *61*, 915–28.

32. Gopnik, A. & Slaughter, V. (1991). Young children's understanding of changes in their mental states. *Child Development*, *62*, 98–110.

33. Wellman, H.M. & Woolley, J.D. (1990). From simple desires to ordinary beliefs: The early development of everyday psychology. *Cognition*, *35*, 245–75.

34. Happé, F.G.E. (1994). An advanced test of theory of mind: Understanding of story characters' thoughts and feelings by able autistic, mentally handicapped, and normal children and adults. *Journal of Autism and Developmental Disorders*, *24*, 129–54.

35. Joliffe, T. & Baron-Cohen, S. (1999). The Strange Stories test: A replication with high-functioning adults with autism or Asperger Syndrome. *Journal of Autism and Developmental Disorders*, *29*, 395–406.

36. Kaland, N., Møller-Nielsen, A., Smith, L., Lykke Mortensen, E., Callesen, K. & Gottlieb, D. (2005). The Strange Stories test: A replication study of children and adolescents with Asperger Syndrome. *European Child and Adolescent Psychiatry, 14*, 73–82.

37. White, S., Hill, E., Happé, F. & Frith, U. (2009). Revisiting the strange stories: revealing mentalizing impairments in autism. *Child Development, 80*, 1097–117.

38. Perner, J. & Wimmer, H. (1985). "John thinks that Mary thinks that ... " Attribution of second-order beliefs by 5- to 10 year-old children. *Journal of Experimental Child Psychology, 39*, 437–71.

39. Howlin, P., Baron-Cohen, S. & Hadwin, J.A. (1999). *Teaching Children with Autism to Mind-Read*. Chichester: John Wiley and Sons.

40. Wellman, H.M., Baron-Cohen, S., Caswell, R. et al. (2002). Thought-bubbles help children with autism acquire an alternative to a theory of mind. *Autism, 6*, 343–63.

41. Hadwin, J.A., Baron-Cohen, S., Howlin, P. & Hill, K. (1996). Can we teach children with autism to understand emotions, belief or pretence? *Development and Psychopathology, 8*, 345–65.

42. McGregor, E., Whiten, A. & Blackburn, P. (1998). Teaching theory of mind by highlighting intention and illustrating thoughts: A comparison of their effectiveness with 3-year-olds and autistic individuals. *British Journal of Developmental Psychology, 16*, 281–300.

43. Swettenham, J., Baron-Cohen, S., Gomez, J-C. & Walsh, S. (1996). What's inside someone's head? Conceiving of the mind as a camera helps children with autism acquire an alternative to a theory of mind. *Cognitive Neuropsychiatry, 1*, 73–88.

44. Fisher, N. & Happé, F. (2005). A training study of theory of mind and executive function in children with autistic spectrum disorders. *Journal of Autism and Developmental Disorders, 35*, 757–71.

45. Ozonoff, S. & Miller, J.N. (1995). Teaching theory of mind: A new approach to social skills training for individuals with autism. *Journal of Autism and Developmental Disorders, 25*, 415–33.

46. Swettenham, J. (1996). Can children with autism be taught to understand false beliefs using computers? *Journal of Child Psychology and Psychiatry, 37*, 157–65.

47. Silver, M. & Oakes, P. (2001). Evaluation of a new computer intervention to teach people with autism or Asperger Syndrome to recognise and predict emotions in others. *Autism, 5*, 299–316.

48. Feng, H., Ya-yu, L., Tsai, S. & Cartledge, G. (2008). The effects of theory of mind and social skill training on the social competence of a sixth grade student. *Journal of Positive Behavior Intervention, 10*, 228–42.

49. Howlin, P. (2008). Can children with autism spectrum disorders be helped to acquire a theory of mind? *Revista de Logopedia, Foniatria y Audiologia, 28*, 74–89.

찾아보기 ▶